やめたいかも

と一度でも思ったら読む

教員の転職思考法

Re-Career株式会社
代表取締役
新川紗世

流舎

はじめに

日々の業務に追われ、息をつく間もない毎日。教員という夢を叶えたのに、熱意よりもしんどさが勝り、年々「このままでいいのか？」という疑問が膨らんでくる。

そもそも、皆さんはなぜ教員になったのでしょうか？　親が教員の家庭で育ち、幼いころから「将来は教員になる！」と決めていた方もいるかもしれません。学生時代に出会った先生に憧れをもって、教員をめざした方もいるかもしれません。

わたしは昔から教えることが大好きでした。学生時代、友だちから「わかった！」と感謝されることに喜びを感じた記憶があります。そして、好きな科目の英語教員の道へと進みました。

教員に成り立てのころは、希望に満ち溢れていました。憧れの教員という夢を叶え、公務員になったことに自営業をしていた両親も安心していました。教科指導に加え、生徒指導、学級担任、不登校対応、校務分掌など、目の前の業務に日々一生懸命に向き合いました。

最初は「こどもたちのため」という思いでがんばっていましたが、次から次へと業務量が増えて、その思いだけではしんどさは増す一方でした。また、最低限の仕事だけに留めている先輩先生よりも給料が低く、職員会議で改善案を出してもなかなか変わりませんでした。

たとえば、行事や校則については、議論する余地がある項目が多くありました。しかし、行事は例年どおりに進めることが良しとされ、靴、靴下、下着の色、髪型、昇降口の開放時間などの校則もすぐに変えていくのは難しく、意見を言い続けることをあきらめるようになりました。週末に持ち帰って仕事をするのは当たり前で、家族との時間もなくなり、自分はなんのために仕事をしているのかわからなくなりました。

皆さんは、どんな思いで教員になりましたか？　こどもたちに教科を好きになってもらいたい、教科を教えたい、自立性を高めたい、素直な子を育てたい……。色々な思いがあると思います。それが学校現場でしか実現できないことであれば現場を離れてはいけません。学校「でしか」できないことはあります。しかし、もしその熱意を違う場所でも発揮できるのだとしたら、キャリアチェンジも選択肢のひとつです。

「教員をやめる」という考えが頭によぎり始めている先生たちは、同時にたくさんの不安を抱えています。先生たちに退職を考えたときに「手放したくないものは何か？」というアンケートをとりました。

1位　安定した収入からくる経済的な安心感、社会的信用（クレジットカード、ローンなどの審査）
2位　福利厚生、育休制度、退職金、ボーナス
3位　仕事のやりがい

1位と2位はお金に関することになりました。お金は大切です。生きていくうえで必要です。しかし、皆さんの幸せな生活は、ほんとうにお金を最優先にして実現するでしょうか？　そもそも収入の安定のために教員になったのでしょうか？　お金には変えられない、教員としてのやりがい、こどもたちの成長を見られること、教育に携われること……。たくさんの動機があると思います。教育のやりがいは捨てられないものです。

そうなると、「わたしの居場所は学校現場だけ？」と感じるかもしれません。しかし、教育産業に直接関わらなくてもやりがいをもって教育に携わっている元教員の方々はたくさんいます。この本では、そんな視野を広げてくれるような活動を紹介していますし、教員を続けるにしても、やめるにしても、やりがいをもって働ける可能性を伝えたいのです。

教員のスキルや能力は教育畑とはまったく違う分野でも十分活かせます。先生たちはすごいんです。新しい特別なことをしなくても、教員として培ったスキル・能力を活かして、自由なお金と時間を増やすことはできます。

そのために何より大切なのは、皆さんにとってのやりがいを掘り下げて見つけることです。本書が先生たちの中の「消えない熱」を思い出すきっかけになれば幸いです。

序章

教員のキャリアに対する誤解

第1章

教員のキャリアを活かす人たち

第2章

教員のスキルを変換する

第3章

できないをできるかもに変えるためにほんとうにやりたいことを掘り下げる

第4章

ほんとうにやりたいことを明確にする

第5章

目標をつくる、行動計画を立てる

序章

教員のキャリアに対する誤解

年収700万円→350万円の現実

教員の離職は増えています。右図の公立の小中学校では定年退職以外の理由が離職の半分近くを占めています。全体的な離職者数は減っているように見えますが、これは教員の数がそもそも減っているからです。

退職理由を細かく見ると、文科省の「令和４年度学校教員統計（学校教員統計調査の結果）」では、公立小中学校ともに令和３年度間の「定年以外の離職理由」は第１位「転職」第２位「家庭の事情」第３位「病気」となっています。

平成27年度間と令和３年度間を比較すると、公立小中学校ともに「転職」（公立小学校では1501人から2098人、公立中学校では1142人から1288人）、病気のうち「精神疾患」（公立小学校では331人から569人、公立中学校では213人から277人）が右肩上がりで増えています。

わたしが教員をやめたときに各自治体で開催されている退職者向けの保険や退職手続きの説明会に参加したときのことです。なんとなく親の介護問題などがあって50代で辞める人が多いのかと想像していました。しかし、現場へ行ってみると思いのほか20代、30代の方が多く、安心感と同時にショックをおぼえました。

離職者数の推移（公立小学校）

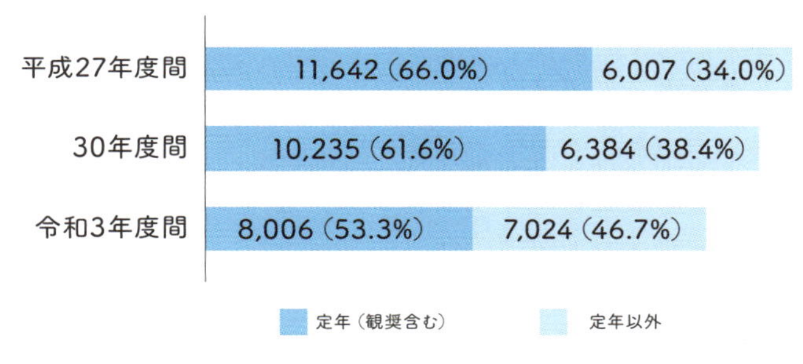

出典：「令和4年度学校教員統計（学校教員統計調査の結果）」（文科省）より著者改変

離職者数の推移（公立中学校）

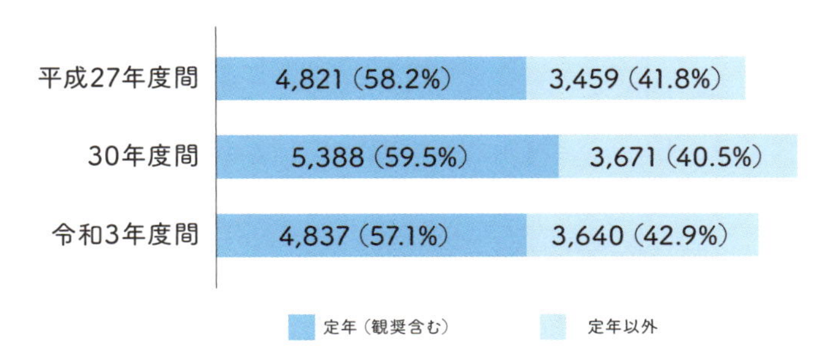

出典：「令和4年度学校教員統計（学校教員統計調査の結果）」（文科省）より著者改変

前述したとおり、転職を考えたときに教員の皆さんが真っ先に考えるのが「お金」の心配です。公立学校の教員の平均年収を世代別にまとめると次のとおりです。

公立学校教員 年代別の平均年収

20代前半：約350万円

20代後半：約440万円

30代前半：約540万円

30代後半：約670万円

40代前半：約730万円

40代後半：約800万円

比較して、全業種の世代別の平均年収は下記のとおりです。教員は20代後半から一般企業の平均給与水準を超えてきます。大学院を出ていれば、もっと高くなります。さらに教員は年功序列なので、年次とともにベースアップしていきます。

日本の世代別平均年収

20代：352万円

30代：447万円

40代：511万円

50代以上：607万円

※出典：https://doda.jp/guide/heikin/age

では、教育業界だけに絞るとどうでしょうか？　転職を考える際に真っ先に思い浮かぶのが塾業界だと思います。正社員の平均年収は352万円です。教育業全体に広げて見ても525万円となっていて、「2024年版業種別モデル年収平均ランキング」（マイナビ）では全112業種中45位と決して高くはありません。

教育業界の平均年収

20代前半：281万円
20代後半：335万円
30代前半：367万円
30代後半：397万円
40代前半：419万円
40代後半：440万円

すべての世代で公立学校の教員の平均給与は高いことがわかります。もちろん、教員の仕事も時給換算したら低いと思われるでしょう。週末、部活動の顧問として丸一日働いても2000円程度しかもらえません。それでも教員は潤っているので、民間で教育業界に行こうとすると、確実に年収は下がってしまいます。

最後に業種別の平均年収を挙げていきます。「令和4年賃金構造基本統計調査」（厚生労働省）によると、小中学校教員の平均年収は約740万円なので、企業にもよりますが、上場企業の課長クラスの年収です。**転職による年収維持は難しく、未経験だと半減してしまうのが現実です**。

金融：469万円
メーカー：466万円
総合商社：464万円
IT／通信：446万円
建設／プラント／不動産：432万円
専門商社：424万円
インターネット／広告／メディア：423万円

サービス：377 万円

※出典：https://doda.jp/guide/heikin/age

さらに、お金の問題だけでなく、平均年収が高い職種であっても「実務経験３年以上」という条件がついてしまうと応募の入口にすら立てません。

そこで転職エージェントへ行くと、未経験でも高い報酬が望める不動産や生命保険など歩合制のつく営業職を紹介されます。

あなたの市場価値はいくら？

そもそも転職市場において、人材の価値はどのように決まるのでしょうか？　リクルートダイレクトスカウトによると、市場価値＝「企業のニーズ」×「保有する経験（実績を生み出した思考や行動）・スキル、その希少性、再現性」×「キャリア相応の期待値」となっており、市場価値は固定されたものではなく、需給のバランスで決まることがわかります。たとえば、AI 開発者は人数が圧倒的に少なく、企業の採用ニーズも高いため、非常に高い年収での募集があります。これは固定の給与に対する考え方です。

※出典：https://directscout.recruit.co.jp/contents/article/19478/#:~:text=%E5%B8%82%E5%A0%B4%E4%BE%A1%E5%80%A4%E3%81%AF%E3%80%81%E3%80%8C%E4%BC%81%E6%A5%AD%E3%81%AE,%E3%82%89%E3%82%8C%E3%82%8B%E3%81%8B%E3%81%A7%E6%B1%BA%E3%81%BE%E3%82%8A%E3%81%BE%E3%81%99%E3%80%82

もうひとつ、インセンティブがある職種では、扱う商品・サービスの価格が収入に直結します。不動産・住宅・自動車ディーラーのような高価格帯の商品を販売していてインセンティブのつく営業職の場合、20代で数千万円の年収をもらっている人もいます。
逆に、ルート営業で安い商品を販売している場合には、年収は比較的低い傾向にあります。

つまり、インセンティブがつく場合もつかない場合も、**業界・職種の選定と自分がそこで成果を出せる能力を有しているかどうかで市場価値は決まる**のです。

なぜ教員の転職は厳しいのか？

受講生に取ったアンケートの結果、転職を考えたとき、はじめにする行動は「教員　やめる」「教員　転職」といったキーワードでどんな仕事があるのかを調べるというものでした。
すると、実際に教員をやめてＳＮＳで発信している人たちが見つかります。起業している、非常勤をしながら副業をしている人など、さまざまな活動がわかります。

ただ、現実的に考えれば、起業は半端な覚悟ではできないし、一般企業への転職をめざすでしょう。そこでいくつかの転職サイトに登録します。興味のある業界や業種を入力すると、毎日求人情報がメールで送られてくるようになります。それで終わってしまう人もいれば、少し本気で転職を考え始め、転職エージェントの無料面談を申し込む人もいるでしょう。

一般的に転職エージェントから教員は「民間企業とカラーが違

うので、転職の敷居は高い」という印象をもたれます。そして、「20代では教員しかやっていないので経験値が足りない」「30代で教育しかやってこなかったのは厳しい」「40代だと転職自体が難しい」と言われてしまいます。さらに未経験だと年収350万円スタートになってしまうという厳しい現実を突き付けられます。

どうにか転職の糸口を見つけるために、エージェントからは過去のアルバイト経験を含めてあらゆる職務実績をヒアリングされます。学生時代に居酒屋でアルバイトをした経験があれば、飲食業界を薦められるかもしれません。教員以外の経験がどれだけあるかを探って、少しでも経験がある業界の企業へアピールしたいと考えるわけです。

同時に転職の時期を聞かれます。教員のほとんどは3月末の退職を考えるので、「年内には管理職へ退職意向を伝えなければなりません。その場合には10、11月から転職活動を始める必要がある」と助言されるのです。

実際に具体的な職探しをすると、「生命保険や不動産会社の営業なら努力しだいで年収1000万円を超えられます」と紹介されます。それ以外の業種では、年収の下がる道しかないので、「自分の興味を優先するのか、お金を優先するのか……」と、迷いながらの転職活動が始まります。

とにかく退職後に仕事がない状態は怖いので、生命保険会社や不動産会社の面接も受けるのですが、そもそも教員は名刺の渡し方、エレベーターの乗り方、商談での席の座り方もわかりません。

メールの書き方も学んでいません。ですから、社会人としての最低限のビジネスマナーを教わっていないと企業から思われています。

また、良かれと思ったことをボランティアでしてしまう部分もあり、一般企業からするとビジネス感覚がないと評価されてしまいます。教員はサービス残業も当たり前の職業ですが、企業は人件費が発生するので、残業しない人材のほうが好まれるのです。

どれだけ効率よく利益を上げられるかがビジネスです。企業は売上目標、利益目標を達成することが行動原理となっています。

対して、学校の目標は「主体的に学ぶ子どもの育成」といったもので、学年目標、クラス目標、個人目標と、目標だらけなのに目標達成できているのか、未達成であればどうするのか、管理職に相談しながらPDCAを回すような機会はありません。

もちろん「こどもたちからのアンケートで評価が◎のものを90%以上取る」といった個人目標は立てているものの、達成したとしてもボーナスに反映される金額はごくわずか。実質的に形骸化していて、皆、目の前の業務をこなすことで手一杯です。

また、企業では「こういう広告を打ったら、顧客の反応率が○%変わった」というように数字が共通言語として目標管理されていきます。この感覚は学校現場にはありません。目標から逆算した行動をするスキルや数字感覚が養われにくいのです。

さらに面接も、教員採用試験と一般企業では異なります。

教員採用試験では教科、教育倫理、教育心理といった専門知識のテストがあります。その後の面接では、適切なコミュニケーション力のほかに教育への熱意が判断されます。

一方、一般企業が転職者に求めるのは即戦力です。大企業ほどその傾向は顕著です。専門知識はもちろん、その企業の課題を適切に把握していて、**「こういう経験・スキルが御社のこういうところで活かせます」と具体的に問題解決できるというアピールをしなければなりません。**

わたしの場合は英語力を活かして転職しようと思いました。趣味である旅行を仕事にしてしまうと楽しめなくなると思ったので、観光業界以外を見ていました。ある程度の収入や周りからの見え方を考えたときには、コンサルティング会社、翻訳会社などが候補に挙がりました。しかし、新卒ではないので、英語以外のスキルも求められるのです。未経験で募集している企業はなくあきらめざるを得ませんでした。

自分の価値をどうやって高めるのか?

企業ニーズと経験・スキルの希少性、再現性に期待値が加味されて市場価値が決まるという話をしました。

教員の経験やスキルが活きる場所と考えたときに、まずは塾業界に目が行きやすいと思います。ただ、それ以外にも多くの業界で教員のスキルを活かす道はあります。

1．塾講師・家庭教師

言うまでもなく、授業や生徒とのコミュニケーションをしてきた希少性・再現性が活かせます。中学・高校・大学受験でどういった知識が求められるのかを把握しているというアピールができれば、塾の教室内でも学校で教えていたのと同じように授業ができるという期待値が上がります。

2．教育関連企業

教科書の編集、教材開発は学習指導要領に関する知識が必要とされます。教育者としての経験が直結する仕事です。

3．一般事務・営業事務

未経験でも多くの校務をこなし、コツコツ真面目な教員生活を送ってきた人ならポテンシャルが期待されます。学校の経理事務や施設管理など学校内に限った仕事もあります。生徒とのコミュニケーションスキルも評価されます。ワードやエクセルの基本的な操作スキルは必須で、学校内で使用していた以上の高度なパソコンスキルも求められます。

4．営業職

たとえば、モンスターペアレントに対して上手に保護者対応できていたという経験をアピールできたら、実務経験がなくても営業職への適性を感じてもらえるかもしれません。教員から営業職に転職する人は珍しくなく、給与水準が維持しやすい職種です。

5．未経験者を積極的に採用している職種

建築業、運送業、介護、ＩＴなどの分野は人手不足で未経験者

でも採用されやすい傾向があります。

企業は職務経歴をロジックで考えます。たとえば、不動産業界で営業職をしてきた。次は同じ不動産業界でも経理職に就いたとすると、「なぜ職種を変えたのか？」と疑問をもたれてしまいます。反対にひとつのことを続けているとストイックさが感じられるわけです。

経歴には一定のストーリーが必要です。なぜ教員になったのか。どんなことが大変で、どういう取り組みで乗り越えてきたのか。目標に対してどれだけのことをやってきたのか、そんな自分だからこそ、これができるというロジックが大切です。

未経験の業界・職種に挑戦する場合であっても、高学歴で、コツコツ教員生活のなかでやってこられたことに自信をもってください。

転職がうまくいく人、いかない人

「転職サイトに登録しても、情報量が多すぎてどういう軸で企業を見たらいいのかわからない」と、企業の見つけ方に苦労されている方もいます。

世の中には多種多様な求人があります。転職エージェントは面談しながら、頭の中で「ああ、この人はあの企業にいけるかも」「たしか最近出た求人は未経験でも大丈夫だったな」と思い当たるわけです。

ただ、それは担当エージェントが知っているかぎりの求人でしかないので、複数社の転職エージェントに相談するのはひとつのやり方です。

いずれにしても、情報収集するだけではなく、「これをやってみたいと思っています」「やりたいことはわからないけど、今の仕事よりはこういう希望があります」と転職エージェントに相談してはじめてわかるものもあります。

たとえば「営業職って考えたこともなかったな」「コーチングのような講師の仕事もあるんだな」と新しい可能性が見えます。そのキーワードを元に改めて求人媒体で調べていくと絞りやすくなります。企業からすると、エージェントを通すと手数分の採用コストが上がります。求人媒体は広告費以上のコストは発生しないので、コスト面から見たら採用のハードルは下がります。エージェント任せにせず、求人媒体で自ら応募していくのもひとつの方法です。

安定性を求めすぎるがゆえに「給料を下げたくない」「土日休みで残業がないのがいい」「住宅手当がついていて」と条件を細かく決めすぎると、転職エージェントからも紹介を受けにくくなるでしょう。

あるいは、「給料は高いけど競争が激しくて人間関係が悪い」など、どんな職場でもネガティブな面は１つ、２つあります。「教える仕事が自分っぽいな」「営業はやりたくないな」「福利厚生が充実していないと嫌だな」と言い始めたらキリがなくなってしまうので、まずは何社か転職エージェントに会って話を聞いてみてください。すると「自分にはこういう仕事があるんだ」という気づきがあります。そして、求人媒体にあるものの中から仕事を探してみるのです。

そして、企業にアピールするためには前述したストーリーが重要です。「これまでこういう経験を積んできました。職場にはポジティブな理由とネガティブな理由の両方があってやめたいと思いました。次はこういうことをしたいので御社を希望しました」と、話がちぐはぐにならないように注意します。

「稼ぎたいから、ちょっと人気はない職種だけどインセンティブで収入は上がるな」
「家族と時間がずれてしまうので土日出勤だけは避けよう」
「ＩＴ業界でやっていきたいから、細かい条件には目を瞑ろう」

キャリアのストーリーをつくることは、何を重要視して、何をあきらめるのか、自分の優先順位を明確にすることにもつながります。

ですから、まずは履歴書・職務経歴書を書いて、複数の転職エージェントに面談の申し込みをして、求人に応募してみてください。転職エージェントが紹介するのは彼らの頭の中にある企業だけだからです。

応募していくと書類で落とされることもあるでしょう。最初はうまくいかないものです。

履歴書・職務経歴書をブラッシュアップして、書類が通るようになったら、今度は面談するといったように、試行錯誤しながら次のステップを踏んでいくと考えて臨むのがいいです。そのため、**転職活動は最低でも3ヵ月は必要です**。

「時間がないから、教員をやめてから転職活動を始めよう」と考えていると、うまくいきません。退職時点で転職先が決まっているのが一般的だからです。キャリアの空白期間があると「計画性に乏しいな」「何か突発的にやめなければならないトラブルがあったのかな？」と企業に思われてしまいます。

転職エージェントは、求人先の代理で人事をしているとも言えます。いい人を紹介しなければならないのです。「この会社の雰囲気に合うだろうな」「この経験があるなら、貢献できるだろうな」などと考えながら紹介していくわけです。

そのため「入社したら、こんなふうに会社がよくなる」と説明できるかどうかが重要なポイントになってきます。

経験のほかに年齢が転職の障害になると思い込んでいる人もいます。年齢とは職場環境と同じで、「35歳を過ぎたら市場価値がなくなる」というものではありません。その企業、職場環境に合う年齢があります。たとえば、20代が中心の職場に未経験の60代が入ってくるというのは、企業側でイメージができなくなってしまいます。上司も年齢差がありすぎると指導しにくくなります。年齢というのは絶対的な価値基準ではなく、企業側のフィルターの問題です。

「年齢は高めですが、柔軟に対応できる方です」

「新しいジャンルに関しても、前向きに色々なことに取り組んで吸収している方です」

といったように、多角的に評価してもらえれば年齢はハードルにはならなくなります。

さらに転職活動はいつ始めても、そのとき求人が出ている企業の中から選ぶことになります。引っ越しを考えていて、物件探しを始めるから次の住まいが見つかるのと同じで、転職のベストタイミングはその人が始めたときです。

自分が行きたいところを見ながら、行けるところを探していく作業になります。そのためには「こんな会社があるんだ」と知ることが重要で、自分一人で会社像を決めすぎないほうが転職活動はうまくいきます。たとえば、大手企業でも人間関係がギスギスしていたり、給料が意外と安かったり、色々な会社があります。

変な先入観をもたずに、ＳＮＳの勉強会コミュニティに参加してみたり、一般企業の人が集まる交流会やセミナーに参加してみたりするのもいいでしょう。ボランティア活動であったり、高校や大学の同窓会であったり、学校関係者以外のつながりもいくつかもっておくと、色々な見方に触れることができます。

そこで「今､違う仕事を探しているんです」と言うと､リファーラル採用している企業もたくさんあるので､「未経験でもあなたの良さはわかっているから､ちょっと人事部に話してみようか？」と声をかけてくれる可能性も十分あります。

「大手企業以外には就職したくない」「転職活動しているなんて周りに言えない」「若い職場で未経験の新人扱いされるのは嫌だ」とプライドや先入観があるほど転職活動は難しくなっていきます。

優先順位を明確にして、ほんとうに大事にしたいもの以外は柔軟に対応していくといいでしょう。**市場にある求人から職場を見つけていく姿勢**が転職活動を成功させる秘訣です。

キャリアの停滞を防ぐために

会社には給与の基準があります。「何年目で、このくらいのキャリアの人の給与はいくら」と決まっているのです。だから、年齢・経験からみて年収700万円は高すぎることもあれば、「うちの会社でこの仕事をするなら年収900万円はめざしてほしい」という場合もあります。

ですから、「教員のスキルでは年収700万円は望めないな」「この企業は年収は高いけど、自分のスキルは足りないな」というのは完全に主観で、そういう考えをもちすぎないほうがキャリアチェンジはうまくいきます。

自分の感覚だけではなく、企業から要求されている水準に対して「わかりました。やります」と素直に言える姿勢が必要です。柔軟性とは覚悟です。

働き方を変えたいとラクをしたいとは違います。**どんな職場に**

行っても努力と覚悟は必要です。自分が入りたい企業で働いている人たちは努力して入社して、現在も努力し続けているのです。

日本の労働人口は1995年から2021年にかけて500万人増加しました。これは65歳以上の高齢者も仕事をするようになったことが理由です。ただ、今後、この後期高齢者が離脱していくと一気に労働人口は減少します。将来的にも出生率の減少もあり、人手不足はずっと続く予定です。外国人を雇用しても日本人と同じような感覚で、流暢に日本語を話せる人はなかなかいません。上場企業でも採用されるチャンスは大きいのです。

景気が大きく落ち込まないかぎり、売り手市場は続く見通しで、「自分はこの業界で働きたい」というものがあれば、自信をもって企業の門を叩いてみましょう。もしかしたら「未経験なので営業から始めてもらいます」と言われてしまうかもしれません。そこで２年も経験を積めば、別の業界でも営業職として転職の芽がありますし、営業活動のなかで経営者相手ならば、コンサルティング的なサービスを提供したり、新たなキャリアの道が拓けてきます。その分野を勉強して実績を積んでいけば、いくらでもステップアップはできるのです。

世の中には企業が何百万社と存在します。そのなかで理想の職場を見つけることに期待すると、福利厚生がどれだけあるかといった条件に縛られることになります。

そうではなく、**自分を知り、やりたいことを明確にすることが先決です**。「こういう方向性でいこう」と明確になったら、その仕事を掘り下げて、その道のプロフェッショナルをめざしましょう。自分の能力を発揮できれば、教員と同じくらい貢献ができて、お金ももらえるようになります。**キャリアづくりに成功している人は、自分の強みを活かすことを念頭に仕事をしています。**

年収は上げていけることがわかっても、フィールドを変えることに尻込みしてしまう人もいるでしょう。それも**自分を知ることで、できるものとできないものがはっきりとわかるので、自信がもてて挑戦できるようになります。**

自信がないのは自分を知らないだけです。自分のリソース、何をもっているかがわからないから、そもそも何をアピールすればいいかわからず、自分の活かし方も知らないのです。自分を知れば知るほど、「自分ってこういう一面があるんだ」「こういうことが活かされるんだ」と理解できます。そのときには自信のあるなしはなくなっています。

その状態ではじめて、教員を続ける、転職する、独立する、いずれにしても冷静に、客観的に自分のやりたい道を選択できるようになります。働くとは自分にとってどういう意味をもつのか、何を仕事として貢献していくのか、一度きりの人生をどう歩みたいのかを考えて、広い視野で自分自身の立ち位置を見直すのが転職でうまくいく教員の思考法です。自己理解を深める結果、転職や独立といった手段がとれます。

また、よく伸びる業界に就職したほうが賃金の上昇幅がよいのでいいと言われます。自分がやりたいと思っていることが、複数の業界でも実現できるようなら、業界は選んだほうがいいでしょう。わざわざ斜陽産業に行く理由はありません。ただ、自分のやりたいことが明確でなければ、どの会社に就職してもミスマッチが起こるし、結局、転職を繰り返して、キャリアが停滞することになります。

それでは、ほんとうにやりたいことはどうやって見つかるのでしょうか？　そもそも教員は学校以外で通用しないという思い込みをもっていないでしょうか？

たとえば、わたしは企業向けに教育できないかを考えて、ある研修会社に講師登録をしました。無事面談に合格して、登録後すぐに民間企業から研修依頼がありました。金額は４日間で45万円です。

今まで研修講師の経験はありません。未経験でもそれだけのお金をいただける理由は、自分にできることがわかっていて、わかりやすくアピールできたからです。自分のスキルをすべて棚卸していたのです。

転職を考える教員は、まずお金の心配をします。公務員という肩書がなくなったら、今よりもいい条件で働けなくなる。それしか見えなくなります。でも、転職に成功している人は、自己理解を深めて、自分がどういう人間になりたいかのほうがお金よりも重要だったと気づくのです。自己実現の方向に人生の舵を切った結果としてお金がついてくるのです。

わたしのめざしている人間像は「いつも元気にいろんなことに挑戦して、希望をもたらす人」です。自分の人生の幕を閉じる瞬間、どんな人間だったと言われたいですか？　面白い人生だった、挑戦をしている人だった。さまざまな答えがあるでしょう。受講生に問うと「お金持ち」という答えは一人もいませんでした。

自分が人生でほんとうに大切にしたいものはお金かどうか。それを知るためには自己理解が不可欠です。

ほんとうにやりたいことはどうやって見つかるの？

皆さんはキャリアを考えるときに、「わたしは数学しか教えられないし……」と教科をベースに考えていませんか？　教員は確かに教える仕事です。ただ、そのなかで細かくやってきたことがあります。

たとえば、授業ひとつとっても表情が悪い子を見つける、声をかける、全体とコミュニケーションをとる、非言語的な空気を察知するなどマルチタスクをしています。でも、それは当たり前にやっていることですし、できて当然なので**自分ではスキルであることに気づいていません**。

わたしもそうでした。教員をやめたときに「英語を教えてきた」「クラス担任をやってきた」。それだけしか取り柄がないと思っていました。でも、あるとき、SNSで知り合った起業家の女性からちょっとした仕事のお手伝いを頼まれ、そこでわたしの見方が変わりました。

その仕事を通して「期限を守る」「まず自分で調べて、わからなかったら人に聞く」「相手に伝わっているか確認しながらコミュニケーションをとる」こうした当たり前にやっていたことをほめていただきました。学校現場の外に出てみると普段からしていることが「この人と働きたい」と思ってもらえる立派な評価ポイントだったのです。

その後、事務作業程度のパソコンスキルしかなかったわたしに、時給 2500 円の SNS 運用の仕事を追加で依頼してくれました。

「わたしって、もっとできることがあるかも！」

少しの自信が芽生えた瞬間でした。それからフリーランスのサイトでいくつかの募集案件にも応募してみました。SNS 運用、文章のリライト、事務作業代行、セールス……。未経験でも手を挙げてみると、お仕事をいただけて、気づけば業務委託で教員時代の手取りくらいは稼げるようになっていました。大きく稼ぐことはできなくても、「食べるに困ることはない」と妙な自信がついて、やめる前にあれほど気にしていたお金の不安はなくなっていました。

在宅ワークなので時間の融通が利きます。教員だったころと比較すると気楽に取り組むことができ、肉体的にも精神的にも格段に仕事はラクになりました。しかし、朝起きてから夕方まで一日中パソコンの前に座って作業をする毎日です。自分の仕事が認められてお金をいただけるとうれしくなりましたが、それ以上の喜びはなく「自分がやりたかったことって……これだっけ？」という違和感はずっと拭いきれませんでした。

今、先生たちと接していても、当時の自分を思い出します。「やめても教員時代と同じだけは稼ぎたい」と、目の前の収入、目の前の仕事を見つけるのに頭がいっぱいで、5年後、10年後にどうありたいかなんてまったく考えず不安ばかりが先行してしまうのです。

わたしは人生の棚卸をして自分と向き合ってみました。すると、**「大切にしていること」「得意なこと」「興味があること」**の3つが明らかになって、そこから**「ほんとうにやりたいこと」**が見つかりました。

3つの重なるところに
「ほんとうにやりたいこと」が見えてくる

キャリアをうまく築いている人たちの共通点

ほんとうにやりたいことが明確になれば、どうやって時間を捻出するかが見えてきます。思いがあるからこそ、何を優先するのか決めることができるのです。時間の使い方を変えたければ、ほんとうにやりたいことを見つけましょう。

わたしは、やりたいことがぼんやりしていました。フリーランスで業務委託の仕事を続けながら、「なんとなくこれがやりたいことなのかな……」と、SNS で細々とコーチング相談に乗っていました。月に１～２人が数千円の単発相談に来てくれればいいほうで、ビジネスとしてはまったく成り立っていません。業務委託で生活できていたことに安心して、本気のスイッチが入っていなかったのです。

そこで不安を抱えながらも、思いきって業務委託の仕事を減らしていきました。それも人生の棚卸をして、自分がほんとうにやりたいことが見えたから決断できたことです。

コーチング相談を受けていると聞かれる質問の筆頭は「何を学べばいいんですか？」です。先生方は皆さん不安で、「どのような学習をして、どんな準備をして、どんなスキルを身につければ今の生活から抜け出せるのか」を教えてほしいのです。

でも、ほんとうにやりたいことが見つかっていない段階でやみくもに動き出すと資格やセミナージプシーになります。お金に困らない生活を手に入れようとしても空回るばかりで、お金に困っていきます。
「コーチングならできそう」「ウェブマーケティングなら需要がありそう」「コピーライティングなら稼げそう」とイメージだけで高額な講座に申し込むのです。わたしも同様の経験があるので気持ちは痛いほどよくわかります。短期間で資格取得できるセミナーを受講したり、「MBAを取ればビジネスがわかるのかな？」とせっせと情報収集していました。不安が強いと目の前のことしか見えなくなります。

目的地が定まっていないのに「どこへ向かって歩けばいいですか？　何を学べばいいですか？　どうしたらそうなれるんですか？」と外にある情報だけを得ようとしても、決断はできないし、お金の不安も消えず、自由な時間も増えません。
何をしたらいいかの答えは、ほんとうは自分の中にしかありません。**外にある情報を求めるのではなく、自分自身とじっくり向き合うこと**が何よりも優先してやらなければならないことなのです。

キャリアをうまく築いている人たちの共通点は**「どこをめざしているのか」**が明確で、そのために**「自分がしたいこと」**を計画立てているところです。そこでスキルや資格が必要であれば、手段として取得しています。
もし、ほんとうにめざすところが学校現場にしかなければ、教員を続けるのが最良の選択になります。

一方で「最悪は非常勤があるから……」と、いきなり教員をやめて独立すると大抵はうまくいかなくなります。そして、結局は非常勤講師として働いて、お金と時間の不安から抜け出せないままなのです。皆さんはそんな見切り発車をしたくないから、きっと本書を手に取ってくださったのだと思います。

教員は教育しかできない!?

そもそも皆さんには「教員以外にできることがない」「公務員がいちばん安定している」という思い込みはありませんか？

安定とはなんでしょうか？　いくらお金があれば安定しますか？　月に30万円？　50万円？　200万円？　値札を見ずに物を買える状態を思い浮かべるという人もいるかもしれません。

また、いくら時間があれば安定なのでしょうか？　自分の時間なのか、勉強の時間なのか、家族と毎週末外食できる時間なのか……。安定を具体的にしていくと、実現手段は無数にあることに気がつくでしょう。いや、そもそも変化はダメなのでしょうか？　思い込みを変える方法はたくさんあります。

①他人に聞いてみる

私たちの考えは職業以外にも、性格や考え方など思い込みだらけです。自分で自分を客観視するのはなかなか難しいので、親しい人、自分のことをよく知る人に「あなたから見て、わたしってどう映ってる？」と聞いてみるのはおすすめです。

たとえば「怒らない穏やかな人」と言われたら、人生のどこかで怒ってはいけないと思い込んだ可能性があるわけです。それが良い悪いではなく、「わたしは怒らないと思われているんだな。そういえば、怒らないように今まで振舞ってきたな」という気づきがあります。それは我慢している、無理をしているとも言えるかもしれませんし、自然にできていることかもしれません。色々な見方を知るために、他人に聞いてみることです。

②環境（人間関係）を変えてみる

わたしの両親は自営業だったので、小さいころから「公務員は安定しているし、生活も保証されている」と言われて育ってきました。もしあなたが創業社長の家系に生まれたら、「独立するのがいちばんいい」と思っているかもしれませんし、反対に親が事業で大失敗してしまっていたら「会社勤めをしなさい」と言われるかもしれません。

環境と人間関係で思い込みは加速します。学校現場にいると教員以外の世界が見えなくなりがちです。少し外をのぞいてみると「教員じゃなくてもできることがあるかも」という気づきにつながります。

③読書

本を読んでハッと気づかされるものがあったという経験は多くの人がもっていると思います。「今までこう思っていたけど、この本の言っていることは本質的だ」と新しい視点を手に入れることができます。①の「他人に聞いてみる」ことでも違う見方を養うことができますが、本なら手軽に色々な著者の考えに触れることができます。

④すぐに行動する癖

誰かに何かを言われて、「いや、それは絶対違うでしょう」と思った瞬間、自分の思い込みが入っています。たとえば、ビジネス書は苦手でも、他人から薦められたものをまずは読んでみる。そこに書かれていることをひとつ行動に移してみる。その一歩から自分の思い込みに気づくことがあります。

⑤可視化する

鏡に自分の姿を映しているときは、他人から見たときの自分を気にしていますよね。頭で考えていること、思い込んでいること、感情も文字にすれば客観視できます。たとえば、誰かの発言が気になったときに「どうしてこの人の言っていることが引っかかったのかな？」と理由を考えて、書き出してみましょう。

わたしの場合は、「安定とはなんだろう」と考えながら、書籍を読んで新しい視点を学んだり、自分の考えを書いたりしていきました。「安定って、お金が定期的に入って、福利厚生がちゃんとしていて、毎日行く場所があって、社会的地位があって、ローンが組めて退職金がもらえること」とまとめたあとに冷静に眺めていたら「ほんとうにこれって安定？」と違和感をおぼえました。

その後、さまざまな業界の人と話をするなかで、「真の安定は、自分で自分の人生を選択できること」だと腑に落ちました。

もちろん、平坦なレールの上を歩くことが安定だという人もいると思います。可視化してみると、自分の意外な価値観が明らかになります。

「ある」を見る習慣

なぜ思い込みに縛られてしまうかというと、私たちは「ない」ものばかりを見てしまっているからです。突然ですが、下図を見てみてください。どこが気になりますか？

どこに注目しましたか？

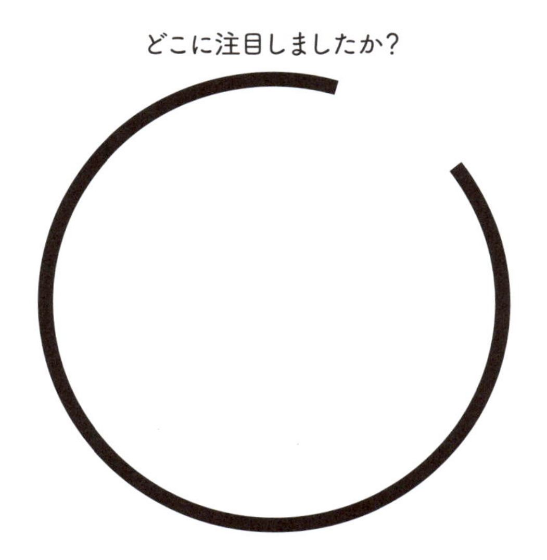

無意識に欠けている部分に目がいってしまうのですが、黒い部分のほうが面積は大きいです。つまり、私たちの生活は欠けているものが目立つ世界にあります。

たとえば、ニュース番組はネガティブな情報で溢れかえっています。「詐欺事件が起こった、不祥事が起こった」と、ほんとうはそれと同じくらい、いや、それ以上にポジティブな出来事も起こっているはずなのにほとんど報道されません。こうした環境で生きていると、無意識に「ない」を見るようになっていきます。だからこそ、**「ある」を意識して見る**ようにしてみてください。

コーチングのなかで「振り返りが苦手です」とおっしゃる先生がいました。理由はできない自分を再確認して自己嫌悪に陥るからだということでした。「こどもに怒るのはやめようと思っていたのにまたやってしまった」「今週は教材研究をしようと思っていたのにできなかった」と、マイナスのことばかりを書くのがつらいと言います。

これは「ない」に着目しているから起こってしまうことです。本来の振り返りはまずは「良いこと」だけを挙げます。こどもに怒ってしまったのはたった数分間です。それまでの何時間かは平静でいられたわけです。その後、改善点を冷静に見てみます。振り返る順番が大事なのです。

「ある」を見る習慣を身につける簡単な方法は、**うれしかった出来事を書き出す**ことです。できれば毎日、難しければ週に一度でもかまいません。もし否定的な言葉が浮かんだときは、「ある」に着目して変換します。

「今日の研究発表はうまくできなかった。やっぱり大勢の前で話すのは緊張するし、苦手だな」と思ったら、「でも発表後に話した先生とはうまくコミュニケーションできたな」と振り返って、「1対1の会話は得意」と書き出します。そこまでわかれば「3人の前では話せる。5人の前でも話せるかも」と、どんどん「ある」が見えてきます。

ぜひ「ない」から「ある」への変換を心がけてください。慣れてくると簡単にできるようになります。「うわー、もう全然時間がない」と思ったら、「いやいや、あと○分あるよね」。「お金が不安」だと思ったら、「明日生きるためのお金はあるよね」と、どうやったら「ある」に変えられるかを日々考えてください。

この「ない」を「ある」に変換する見方ができると昔の自分には戻れなくなります。たとえば、「時間はないと思い込んできたけど、今まで生きてきた数十年間はあったんだな」と気づいたら、他人の「時間がない」という発言にも「いや、時間はありますよ」と捉えられるようになります。これは教員のスキルをどう捉えるかにも影響しています。

次章で「ない」から「ある」に気づいたことで、キャリアを明確にした先生たちを紹介します。

第1章

教員のキャリアを活かす人たち

転職に成功して、教員をやめたあとも学校現場に携わり続ける

M.H さん（30 代・女性・元中学校英語科教諭・教員歴 8 年）

わたしは教育学部出身ではありません。しかし、大学時代、東南アジアの学校を訪れる機会があり、現地のこどもたちの学習意欲に日本人とのギャップを感じたことが教員を志したきっかけです。海外には勉強をしたくてもできない子がたくさんいます。「日本の公教育は貪欲に学ぶ意欲をもったこどもたちで溢れているだろうか？」と、自分の経験を振り返っても恵まれた学習環境を全然活かしてこなかったことに気づいたのです。

なんとなく大学を出ていないと困るから受験勉強をして、成績は良いほうがいいから授業を聞いていました。目的意識もなく、勉強は修行といったイメージで学生生活を送っていたのです。でもほんとうは「何を」学ぶかよりも「なぜ」学ぶかのほうが大切です。教員になって、こどもたちに勉強の意味、学校に通う意味を考えてもらえるようなきっかけづくりをしたいと思い、就職活動の時期には教員採用試験しか受けませんでした。

ただ、晴れて教員になったものの理想と現実とのギャップに直面します。あれほど「勉強の意味」を考えてもらいたいと思っていたのに、大半の生徒は行きたい学校よりも単純に偏差値に見合う高校を探していたり、進学したいわけではないけれど将来困るからなんとなく大学まで行っておこうと思っていたりしていました。

そもそも学校現場は、指導内容はもちろん、校則ひとつとっても新しく変えようという声すら上げにくい世界でした。

何か大きなきっかけがあったわけではありませんが、30代に入ったとき、キャリアに疑問をもち始めました。「8年間教員を続けてきて、この先も自分のモヤモヤは解決しないだろう。ここでチャレンジしなかったら、たぶん一生教員のまま同じことの繰り返しだな」という気持ちがどんどん膨らんできたのです。

自分の周りには教員ばかりです。キャリアの相談をしても同じ価値観でしか話がされないだろうということはわかっていたので、とりあえず誰にも相談しないで転職エージェントに連絡をとってみました。

自分で調べて動くことに不安はありました。公務員のままでいるほうがラクだし、動かないほうが生活は安定します。しかし、現状維持を受け入れられない感覚が拭いきれず、「どっちに転んでも不安なら、やりたいことをやってみよう」と勇気を振り絞って行動してみました。

教員の仕事は楽しかったし、大好きでした。ただ、ストレスも多かったです。どの仕事でも大変さはあると思いますが、それを前向きに乗り越えていこうとするよりも、あきらめに似た気持ちで自分を納得させるように教員生活を続けるだけのような気がしてしまったのです。

だから、家族や同僚の教員ではなく、客観的にキャリアアドバイスしてくれる人を求めて新川さんのところで学ばせていただきました。

それからは怒涛の半年間です。自分がほんとうにやりたいことを言語化しつつ、転職先を探して、面接の準備をする。そもそも教員採用試験しか受けたことがなかったので、すべてが試行錯誤でした。

見よう見まねで職務経歴書をつくったり、自分のやりたいことをどう表現したら伝わりやすいのか面接の想定問答を考えたり、転職の準備を進めれば進めるほど、「これまで学校内での立場でしか教育を考えてこなかったな。素の自分の教育に対する考え方を言語化していないな」と実感しました。

たとえば、「こういう授業がいい」「この子にはこういう声かけをしたほうがいい」という話は職員室内でもします。ただ「学校教育そのもの」についてディスカッションするような場面はありません。思いはあっても口に出してこなかったので、教員でありながら、自分なりの教育に対する意見を、根拠をもって述べることはとても難しかったです。「ずっと教育現場にいたのに、自分のしていたことに疑問をもっていなかった」と痛感しました。

わたしの場合は自分のやりたいことを明確にするために、教員以外の人たちと積極的に話しました。教員同士だと前提条件が同じなので、ある程度感覚値で話ができてしまいます。まったく学校現場がイメージできない人に「転職しようと思ってるんだけど」と相談をさせてもらい、そこから自分が何をしたいのかを話していくなかで、やりたいことの解像度が高くなっていったのです。

そこから具体的な転職先を探し始めました。転職エージェントからはなかなかマッチする企業が出てこず、とにかくネットで調べて自分なりに理想と思える職場を見つけました。学校現場で教育のコーディネートをする事業があるＮＰＯ法人です。

どうしてもその仕事をしたかったので、転職活動は１社しか応募していません。運よく内定をいただけたのは「自分の強みは何か、なぜこの仕事をしたいのか」を事前に言語化できていたからだと思っています。

家族や職場には現地に伺っての２次面接が決まってから報告しました。やりたい仕事が明確になっていたので、転職先についての相談はとくにしていません。

仕事内容としては、教育のコーディネーターとして職員室に入って、総合的な学習（探求）の授業を受けもっています。生徒と対話しながら興味、関心を引き出したり、地元の人とマッチングして学びを深めたりします。

また、地方では少子化が進むなかで生徒たちが学びたいと思えるような学校の在り方を考えた改革に携わらせていただいています。具体的には、数学が苦手な生徒がいたら、１年生の内容から学び直しができる科目をつくったり、生徒が主体的に学べるカリキュラムづくりを学校と一緒に考えています。

今の職場で働いている人は必ずしも学校教育の経験者だけではありません。私自身は生徒の特徴をつかんでコミュニケーションをとったり、現場の教員の苦労を理解しながら物事を運んでいったりすることに教員の経験が活かされていると実感しています。

転職活動をしてはじめて、教員以外でも学校現場の課題解決に取り組める仕事があることを知りました。今でも「やっぱりこどもたちと学校生活を共にして、楽しい思い出をつくれるのはいいな。教員の特権だな」と、教員と生徒の関係性を見ていて懐かしくもうらやましくも思うときはありますが、わたしにとって公教育は追い続けるテーマなので、これからも学校現場には関わり続けていくつもりです。

生徒指導をする役割とは違った形で、こどもたちの未来にとって学校がどんな場所であるべきか、教員、生徒、地域の人たちと一緒に考えていける場をつくっていきたいです。

働き方改革の必要性を実感して労務コンサルタントに

H.M さん（20 代・女性・元小学校教諭・教員歴 2 年）

小学校の教員をやめたあと労務コンサルタントに転職して 1 年が過ぎました。平日 9 時から 18 時まで出勤して土日は休みなので、自分の時間はとても増えました。

児童には恵まれ、今でも交流があります。卒業式の合唱動画を見せてもらったり、学校生活の話を聞いたりすると「やっぱり教員っていいな」と感じて、退職する前にもらった手紙をたまに読み返すこともあります。

元々、わたしは学生時代に学習が遅れている子に個別指導するボランティアをしていました。こどもたちができるようになる過程に喜びを感じ、教育実習も楽しく、一緒に行事をして、感動がいっぱいある仕事だと思って教員になりました。

いざ仕事を始めると理想と現実との乖離を実感しました。少しでもネガティブに思ってしまったら、自分がダメになってしまいそうな気がして、感情を無にして仕事をしていました。

もっとこどもたちの話をゆっくり聞いてあげたり、寄り添ってあげたかったです。しかし、毎朝7時に出勤して、給食を10分で胃にかきこんだら休み時間は必死に丸付けをする。帰りはいつも22時を過ぎていました。そのような生活だったので、精神的に休まる瞬間はありませんでした。

新型コロナウイルス感染症のワクチン接種をした日には出勤できなかったので、数日で溜まりすぎた課題の丸付けを終わらせるために、学校の近くのホテルに泊まり込みました。

周りの先生もバタバタしていて質問しにくい。わからないことが多すぎるのに聞ける人もいない。6月に平日だけの残業時間で80時間を超えてしまい、教頭から「打刻直しとくね」と言われて、最初はなんのことかわかりませんでしたが、あとから誰による指示かはわかりませんが、80時間未満にするよう指導されているという話を聞いて嫌な気持ちになりました。

何か行動を起こそうと思って、教育関係の人たちをXでフォローして情報収集を始めました。ネガティブな投稿は見ないようにして、教育の仕事を好きで続けていながら、学校現場の課題を冷静につぶやいている人の発信を見ながら、色々な角度から自分の今いる立場を把握することに努めました。

4年生の学級担任をしたときのことです。徐々に輪を乱すような子が出始めました。「わたしが教員として若いから甘くみられているかもしれない」という意識があったので、伝わっているのかもわからないまま、厳しく接するようになりました。
「こちらの出方が甘いと暴走して荒れそう」と焦りはつのるばかりで、学級崩壊と隣り合わせの緊張感に気持ちの余裕はまったくありませんでした。嘘を付けない性格なので、ある日職員室で「仕事楽しい？」と聞かれたときには何も答えられませんでした。こどもたちと話しているときは笑っていたと思いますが、校内の暗い階段で一人泣いたこともありました。

教員2年目の6月にふたたび残業が80時間を超えました。その場合、産業医と面談があると聞いていたものの、結局何の連絡もなかったので、夏休みに入ってから「面談はないのでしょうか？」と教頭に聞いてみました。すると、また「80時間以下にしときましたよ」と言われました。
「残業時間の改ざんが常習的にされていたら、いつまでも働き方改革は進みませんよね？」と食い下がってみると「直したのは人事評価のためで、80時間を超えるとその人本来の評価数字をつけてあげられなくなる」と返されました。

夏休み明けすぐに新型コロナウイルス感染症に罹ってしまい、2週間休まざるをえませんでした。パソコンを持ち帰り、成績表の評価をしたり、授業の準備をしたり、やれることはすべてやりました。周りの先生が授業や丸付けを進めてくださったのですが、それでも休み明けに大量の仕事が残っていて、やってもやっても終わらず、21時過ぎに校門を出て電柱の陰に隠れて泣きました。この出来事が新川さんを頼るに至ったきっかけです。それから新川さんのサポートがあったおかげで今のわたしがあります。

その日、家に帰って両親に「もうやめたい」と言いました。「また来年も精神的負担が大きすぎて心のバランスが取れない期間を繰り返すことになるのはわかっている。しんどいからやめたいけど、やめる勇気はない。たったの２年でやめるなんて早すぎるし、がんばれない自分が情けない」と正直な気持ちを告げました。

すると、翌日、父が机の上に転職エージェントの資料を置いてくれていました。そして10月に校長へ退職の意を伝えました。「もったいない」と引き留めていただきましたが、３月末にやめるならすぐに転職活動が必要であると説明すると、理解してくださり、転職エージェントへの相談や企業面接のための早退や欠席まで認めてくださったのです。

正直自分に何が向いているかわからず、教員以外にやりたいこともありませんでした。とにかく働き方を変えたいと思っていました。「未経験だと厳しい」「年収はほぼ確実に下がる」と転職エージェントには色々言われましたが、お金よりも時間が大事だったので残業時間が短く、土日休みの仕事を探しました。

発達障害の子をサポートする仕事や働き方改革を推進するため行政にアウトソーシングを提案する営業職など、幅広く応募しましたが、転職活動はなかなかうまくいきませんでした。

最終的には転職活動を始めてから３ヵ月で、現在の労務コンサルティング会社の事務職につくことができました。収入は下がりましたが、残業も少なく土日も休めます。

授業の準備は工夫すればするほど、いくらでも時間をかけられるのでわたしは自分が納得できるところまでやりたくなってしまいます。今の仕事に教員のような無限の工夫は求められておらず、「この申請が通ったら終わり。納品したら終わり」とゴールが見えています。そこではじめて自分には一つひとつタスクを完結していく仕事が向いているのだと気がつきました。

教員の仕事で活かされていると思う部分は物事の伝え方です。相手に行動を改めてもらいたいときには人格否定ではなくて行動がよくないことを指摘する、意図を伝えるときは１つの文章に１つの事柄だけを入れるといった関わり方は今の職場でも評価していただけています。

率直に言えば、ビジネスの現場では時折、物言いがきついと感じる方もいます。教員の皆さんのコミュニケーション能力の高さゆえに「学校のほうが人間関係は温かいな」と感じるのかもしれません。

せっかく入れていただいた会社ですから、今の仕事にもっと精通していきたいと思っています。しかし、教育系にまったく関心がなくなったわけではありません。

教員最後の日、クラスの女の子３人がお花やお手紙を持ってきてくれました。そのなかの１人は友だちをつくるのが苦手で、休み時間中ずっと一人で座っているような子でした。お別れをした２時間後にその子だけが戻ってきて、「来年からクラス替えもあって、どうしたらいいのかわからない……」と相談してくれました。

何が不安なのか、自分はどうしたいと思っているのか、何ができなくて困っているのか、はじめて時間を気にせずゆっくり話ができました。「わたしが教員になってやりたかったことって、目の前で困っている子の話を最後まで聞いて寄り添ってあげることだったのかな」と実感しました。

自分で起業することは今のところ考えていませんが、教育活動で起業している友人のお手伝いなど、仕事とは別に自分のできる範囲で何か教育に貢献したいと思っています。

教員を続けながらのワンオペに限界

K.T さん（40 代・女性・現役小学校教諭・教員歴 18 年）

子どもが生まれてから家庭と仕事の両立が難しくなりました。育休中の３年間に２人目が生まれたので、子どもが０歳と２歳の状態で職場復帰しました。

当時、夫は京都から大阪までの長距離通勤をしていたので、家事と育児はわたしのワンオペでした。夜中２時、３時に起きて教材研究をしたあと、朝ごはんをつくって、子どもたちの支度をして、保育園へ送り出す。すべて一人でこなしていました。夫婦ともにまったく余裕がなく喧嘩ばかり。話し合いたくても十分にコミュニケーションがとれないほど、互いに疲弊していました。

結局、この生活を続けていたら家庭が崩壊してしまうと痛感して、両親に助けてもらいながら、田舎でのびのびと子育てをしたいと思って実家に戻りました。夫も転職を決意してくれて、家族4人での生活が始まりました。両親の協力を得られるようにもなったことで、家事や保育園の送迎の負担は少なくなりました。

しかし、教員生活は相変わらず忙しく、20時過ぎに帰宅するような毎日でした。それでも終わらない仕事のため、休日に子どもを連れて当たり前のように学校で仕事をしていました。

学校側に時短勤務を相談したものの認められず、「希望する働き方ができないことを受け入れながら、子育ても両立しなければいけないんだ」と、教員の厳しい現実に直面しました。また、中堅となり、しだいに大きい分掌を担当することが当たり前になっていきました。

新型コロナウイルス感染症が蔓延したとき、家族全員で「今日は天気がいいね」と他愛のない会話をしながらゆっくり朝食を食べることができ、そんな些細なことにものすごく幸せを感じました。教員とは別の道があるのではないかという思いが生まれて、教員をやめることも考えて、お金の稼ぎ方について勉強を始めました。自分の強みが何かもわからず、自信もなかったです。

そんなときに、指示ではなく質問でサポートをしていくコーチングという概念をはじめて知りました。現場で実践していくとこどもたちが目に見えて変わりました。

現在はコーチングを使っての独立準備をしています。新川さんのサポートを通して大切にしたい自分の役割や長所、もやもやとした気持ちを抱え続けてきた理由が明確になりました。そして「自分は教員の世界から飛び出して新しい道に向かって挑戦したい」という思いが見えてきました。

自分の価値観がはっきりしたことで、わたしの思いや願いを発信し、必要としている人をサポートできるという想像ができて、起業を決断できました。

教員の転職は厳しいという固定観念を払拭

M.N さん（40 代・女性・元特別支援学校教諭・教員歴 12 年）

わたしは新卒で一般企業に就職しました。4年経って、やはり「こどもたちが社会に出たときに生きていける力を養う仕事に携わりたい」と思い、教員に転職しました。

はじめは授業やこどもたちとの関わりがとても楽しかったです。教員として4年、5年と経験を積むにつれて、学校でもリーダー的な業務を任されるようになっていきました。週末に仕事を持ち帰るのは当たり前で、家族や趣味の時間もほぼ取れないうえに、自分が思っている以上に学校現場では新しい取り組みを提案しても実現が難しいことも実感しました。

学校では「みんなと一緒にチャレンジして変えていける」という期待感をもって、リーダーという役割を担わせていただきました。しかし、ほかの先生と合意して全員で取り組んでいくと固めた案も管理職で差し戻されました。その理由は学校としての考えではなく、国の方針で決められているというものでした。
「管理職が頼りにしているのは文科省や教育委員会であって、現場の答えは決まっているんだ」と半ばあきらめに似た感情をおぼえました。

もちろん､組織として上からの指示は絶対に守るべきものです。管理職の先生もいい人たちばかりでした。しかし、わたしにとっては定年まで考えたときに憧れと言えるようなモデルは見つかりませんでした。

何十年と学校に居続ける意味が見えなくなったことで職場のマイナス面ばかりに目がいってしまい、周りの人を悪く見てしまう自分自身にも嫌気が差しました。仕事にやりがいがなくなりかけているのに自分に何ができるかわからなかったのでやめる勇気もなく、インスタグラムでなんとなく元教員の人の投稿を眺めていました。
そんなある日、自分の経験や強みを活かしたキャリアのつくり方もあるという前向きな発信を目にしてコーチング相談を申し込んでみることにしました。

そもそも自分は何を大切にしたいのか、どんな人間でありたいのか、どんなところに身を置きたいのか、コーチングを受けると、これまでの自分を肯定してもらえたような気がしました。色々と向き合った結果、「もうわたしには学校じゃないんだな」と覚悟が決まって、今年いっぱいでの退職を決意しました。

今まで「教員以外にできることなんてないし、転職は厳しい」と考えていました。でも、「そもそも自分がやりたいことや、自分が楽しめるのはどのような環境なのか」がわかったときに、自分のできない理由を学校のせいにしていたことに気づきました。「学校が悪いわけじゃない。文科省の方針がどうこうではなく、自分がどう思うかなんだな」と自覚したときに、やりたいことを実現するなら、学校以外の場所がベストであると腑に落ちて、来年からは環境を変えようと前向きな決断ができました。

教員のキャリアを活かして独立し、月収100万円超え

T.K さん（30 代・男性・元小学校教諭・教員歴 8 年）

教員時代は職場に恵まれて、校長や教頭からも認めていただき、仕事がどんどん増えてきていました。体育主任、外国語主任、研究主任と、主要な校務を並列でもっていて、小学校 5、6 年生の高学年をずっと担当していました。毎日が忙しくて何も考えずに駆け抜けていくと、帰宅時間が夜の 20 ～ 21 時になるのは当たり前で、深夜 0 時まで仕事をしているときもありました。

用意されて夜中に帰宅すると、テーブルの上には妻のつくってくれた食事があります。電子レンジを動かすと子どもたちを起こ

してしまうので、冷めたご飯をそのまま食べて、翌日は授業の準備のために朝５時半に起きるという生活でした。
　ある夜、子どもたちの寝顔を横目に夕食を食べながら、「家族との時間を大切にしたいのに、自分の時間はすべて学校に注がれている。子育てができる幼児期のかけがえのない時間を自分で削りにいってしまっているな。ちょっと働き方を変えないとまずいな」と思いました。

　そこで自分なりの働き方改革を考えて、仕事量を落とさずに定時退勤を試みましたが、１年がんばってもやはり家族の時間を取ることはできませんでした。

　校内でいちばん若い教員でしたが、県の研究大会で発表を任されるなど、業務量は校内でもトップクラスに多くもっていました。数字的にも成果を出していたのですが、給料はいちばん低く、言い方は悪くなりますが、仕事量が少ないのにわたしより1.5倍も多く給料をもらっている方々もいて、「がんばったらがんばった分だけ返ってくるような環境を求めるなら転職をするしかない」と考え始めました。

　しかし、地方では職を見つけるのは困難です。新型コロナウイルス感染症が広がり、休校になったことでキャリアについて少し落ち着いて考える時間ができました。
　小学校２年生から続けていたサッカーの世界ではメンタルコーチが活躍しています。教育職に近いイメージもあって「コーチング」に興味をもって調べ始めました。

そして、あるスクールに入ってコーチングを勉強し始めたら、対面で相手の課題や悩みにアプローチして支えることでお金をいただける形があることを知りました。コーチングそのものを学んだことはもちろん、ビジネスとしても成り立つと確信しました。

そんななかで長男の小学校入学が迫っていました。小学生になると朝7時40分の登校班に送り出す必要があります。わたしは教員で出勤が早く、妻も看護師として月に何回かは夜勤があるため、どちらかが働き方を変えなければならないことは明白でした。

20代後半で今の仕事量なら30代、40代になったらどうなるかは目に見えていました。不安はありましたが、息子が小学校に入る前に教員をやめて、個人事業主としてコーチ業を始めました。インスタグラムで教員としての実体験を発信すると、とんとん拍子に3000人までフォロワーが増えたので、無料コーチングを始めました。

しかし、インスタグラムで発信し始めて3、4ヵ月経ったころに「ほんとうにこれで売上が立つのかな？」と不安が押し寄せてきました。それでも漠然と発信を続け、無料コーチングの申込にも区切りがついたタイミングで新川さんのコーチングを受けることにしました。

コーチングで独立したものの、それを使って、誰に対して、どのような貢献をしたいのか、自分自身でも見えていなかった部分が明確になり、学び終えてすぐの5月にはじめて売上が立ちました。現在は事業も軌道に乗っていて売上が100万円を超える月もあります。

キャリアを変えていちばんよかったことは、朝の時間すべてを子どもたちのために使えるようになったことです。頭も気持ちもゆったりになって幸福度が増しました。

保育園のお迎えもいつも延長になるギリギリだったものが、今は16時半に一緒に帰っています。夕食をつくって、一緒に食べたあとは子どもたちとおしゃべりをしながらゆっくり過ごしています。子どもとの時間をしっかり確保できて、行動した分が報酬として返ってくる現在の環境にありがたみを感じています。

わたしと同じような悩みを抱えている子育て世代の教員の方の悩みは肌身で感じられます。今後は、子どもとの時間を大切にできるような働き方のサポートやライフスタイルを変える決断がしやすい社会、心が満たせる環境づくりに貢献していきます。

オンライン秘書で心と時間にゆとりのある生活を実現

T.A さん（30代・女性・元中学校国語科教諭・教員歴14年）

わたしは教育学部出身ではありませんが、教員になりたかったので学部の授業のほかに教職課程も履修しました。しかし、大学3年生のときに「学校しか知らない教員でいいのかな？」というモヤモヤがあって、就職活動をして地元企業に就職しました。その当時は教員の不祥事がニュースで大々的に取り上げられた時期でもあったので、就職先を教員一本に絞りきれませんでした。

入社3ヵ月目で中途採用の方が同じ部署に配属されました。年下の新人であったわたしに仕事の勝手を聞かなければならないことがプライドに触ったのか、とても高圧的な態度で接してこられたのです。驚きの行いの数々を目の当たりにして「義務教育を受けて、社会人経験もあるのにこんな人がいるんだ」と衝撃を受けました。それをきっかけに教育への使命感が再燃し、1年で退職をして、再度教員採用試験を受けます。

初任の4年間はとにかく業務量に忙殺されていました。年次とともにさまざまな仕事が降ってきて、市内の教科役員や校内の分掌部長のような立場もやらせていただきました。授業を2学年受け持っていたこともあり、正直、授業の準備もままならず、自転車操業的に回している状態でした。

ただ、2校目に異動したときに校務分掌のポジションが軽くなり授業も学年をまたがず、4クラスだけの受け持ちとなりました。はじめて定期的に学級通信が出せて、教員としてやりたいことができている実感がありました。

その翌年に妊娠すると、学校側が配慮してくださり、産休に入る直前の2ヵ月間は1時限目をすべて空けてもらえました。学級担任を外れたこともあり、「ここまでゆとりをもって働けるんだ」と見えている世界が変わりました。

3年間の育休中に2人目が生まれて、そのまま育休が継続します。幼い子ども2人と四六時中過ごす生活は想像以上に大変で、働いているほうがラクなのではないかと考えることもあり、育休を短くして早く職場復帰しようかなとも思いましたが、結局は2

人目の育休もフルに取らせていただき、計6年間休んだことになります。

そして、「自分がロールモデルになる！」という意気込みで職場復帰しました。新しい地区に配属されたので知っている先生はいません。ゼロから人間関係をつくっていく大変さや新しくなった教科書の読み込みなど、やるべきことはたくさんありました。

教育現場に戻ってみると、個別対応の必要な生徒がすごく増えた印象でした。ほかの先生からも「多いですね」と言われるほど、自分のクラスには精神的なサポートを必要とする子がたくさんいました。中学3年生のクラス担任だったということも影響して、保護者対応も頻繁にありました。

あっという間に自分の時間がなくなり、家族がわたしの仕事を回すために生活を無理矢理合わせてくれているような状態になりました。夫は夕食の支度、ゴミ出し、洗濯など、家事を積極的に分担してくれました。繁忙期の土日にはわたしが学校へ行くことも多く、午後に持ち帰ってきた仕事をしていたので、夫に子どもの面倒を任せる時期もありました。家族とはご飯を一緒に食べてお風呂に入るだけで、余暇というものはありませんでした。

このような生活では当然、夫婦関係もギクシャクします。お互いに誰のせいでもない、ぶつけようのない不満が溜まっていきました。プライベートでも精神的なイライラが募るなかで、ようやく生徒が卒業を迎えることになります。

ただ、あるとき、保護者からひどいクレームを受けてしまったのです。
「がんばってきたけど、全員に十分な支援をするのは難しいな。それで教員ばかりが責められる現状ってどうなんだろう……」と、働く意味を失いかけました。

しかし、「まだ復帰して1年しか経ってない。2年目の今年、この先も続けていけるかどうか確かめよう」と決意を新たにして新学期を迎えました。ただ、忙しさは何も変わらず、身も心もボロボロでした。あと1週間で夏休みが終わるという職員会議のあとに過呼吸のような症状が出始め、いよいよ体が悲鳴を上げ始めます。

体育祭の当日、子どもを支度させて急いで送ってから学校に向かいました。敷地に入ったところで駐車場係としてすでに集合されていた保護者の方に挨拶すると、腕時計をパンパン指差しながら「先生何やってんの！　遅いよ！」と怒られる始末。自分がその係だったわけでも、早朝に作業が必要な担当だったわけでもなく、家族のことをこなして必死に到着した瞬間その言われようです。教員の家庭の事情を知らないので致し方ないのですが、そういった些細なことが積み重なって心が折れていきました。

秋には不眠症にもなって、眠れないから次の日の集中力もなく、普段しないようなミスをして、周りからも「おかしい」と言われるレベルでした。メンタルが崩れてくると、学校方針そのものに対しても違和感が出てきてしまい、「集会で体育座りをさせる」「ツーブロックの髪型を禁止する」といった、それまで当たり前に教えてきたことが自分なりになぜか納得できなくなりました。

生徒からの「なんでダメなの？」という質問に説明もできない。「これがほんとうに自分がやりたかった教育なのかな？」と疑念がどんどん膨らんでいきました。

時折、適切な言葉をかけた生徒が伸びていく姿を見てすごくやりがいを感じました。しかし、それ以外で自分の努力だけではどうにもならない部分が多すぎて、「このまま教員を続けていたら自分も家族もダメになってしまう」と、内心引き延ばしてきた退職を決断しました。

次の仕事も決まっておらず、はっきりとしたやりたいこともなかったので、家族に伝えるのはプレッシャーでした。まずは健康を取り戻すことが最優先で、次に何ができるかを考えたときに、新川さんのアドバイスでスキルを100個書き出してみることにしました（次章「教員のスキルを変換する」を参照）。

そこでこれまで培ってきたものが自分が思っていた以上にたくさんあることに気づかされました。そこから「ほんとうにできるのか？　向いているのか？　やりたいのか？」を調べながら深めていき、現在はオンライン秘書の仕事をしています。

家族で一緒に朝食をとり、朝７時過ぎに上の子を小学校へ送り出したあと、下の子と１時間くらい一緒に遊んでから保育園へ向かう。心と時間にゆとりのある生活が手に入りました。教員として働いていたときは疲れきっていましたが、現在は寝る前に一日を振り返り、次の日に向けてワクワクした気持ちを持ちながら就寝できています。日中に運動をする時間もできて、体調もよくなりました。

第2章

教員のスキルを変換する

「教えること」だけじゃない、教員のスキル

いかがでしたか？　わたしにできるのは受講生の例を共有することだけなので、どうしてもコーチングに話が寄ったり、宣伝っぽい内容に寄ったりしてしまいますが、全員、目的意識が明確になったことで、転職・独立いずれにしても強みを活かした前向きな決断ができていることに着目していただきたいです。

事例の先生たちも「辞めたいかも」という迷いの感情がありながら、次にどうするかわからず、試行錯誤していました。

事例で紹介させていただいたH.Mさんは、転職活動で100社以上エントリーしてもうまくいかないなかで、わたしのところに相談にきてくださいました。そして、自分自身の強みに気づくことで自信をもち、自分の思いや会社に貢献できるポイントを面接で伝えることができ、労務コンサルタントになりました。

T.Aさんは、教員でいた自分ととことん向き合い、棚卸をしていったことで、自分の才能やスキルに気づき、オンライン秘書という新しいキャリアを手に入れました。

転職するにしても、独立するにしても、まずは「自分を知る」ということが大切です。事例の先生たちも自分と向き合ったことで、キャリアチェンジに成功しました。皆さんも同じようにご自身の強みを発見していきましょう。

そのためには**「これまで当たり前にやってきた」**というキーワードが非常に重要です。

先生たちはびっくりするようなマルチタスク・ワーカーです。授業をする、研究発表をする、課外活動では不審者がいないか注意しながら集団行動をまとめる、保護者とコミュニケーションをとる、事務作業をする。教員業務はとにかく多岐にわたっています。

そこからキャリアにつながる自分の強みを見出すためにはスキルの棚卸をおこないます。具体的には3つのステップを踏む必要があります。

STEP1

まずは大きめの「ノート」か「模造紙」を用意して、「学級活動編」「教科・授業編」「その他 人間関係・校務分掌・部活動など」「事務作業編」「プライベート編」と大きく5つのカテゴリーを書き込んでください。

次に付箋を用紙して、1枚に対して1つ、これまで自分がやってきたことを書き出します。**後ほど分類をしますが、一旦分類は考えず、手を止めずにできる限りたくさん書きましょう。**

最後に付箋のスキルを先に書いた5つのカテゴリーに分類していきます。1つのカテゴリーを20個ずつにしなければならないわけではありません。バランスは考えず、思いついたままにスキルを分類してみてください。

STEP1. あなたがこれまでやってきたことを以下の分野別にできる限りたくさん書きましょう。（筆者回答例）

	30	27
	学級活動編	教科・授業編
1	毎日学級通信を手書きで書く	英語の歌をセレクト
2	学年末にはクラス文集を作る	有料の研修会に出る
3	日直当番表の名前を手書きで書く	読めない子のためにルビをふる
4	筆ペンを使っていろいろ書く	教材にまつわる動画を見つけて流す
5	不登校のプリントをまとめる	導入でモノを使う
6	不登校の保護者との関係を築く	導入で作成したスライドを使う
7	保護者に電話	帯活動を充実させる
8	受験生をもったときに手作りお守り	人から教わった教材をアレンジ
9	可愛いもの（紙など）を使う	授業づくりの本をたくさん買って読む
10	行事後、写真の掲示物を作る	授業の導入
11	掲示物もあえて手書きで文字を書く	カードをラミネートで頑丈にする
12	学級文庫を充実	カードの周りは角丸くん
13	机の整頓	振り返りシートで生徒とやりとり
14	担任の子たちの部活動の応援	ポイント制度を導入
15	聾者の担任・筆談	可愛いシールを集める
16	1年生の担任　4回	テスト作成
17	2年生の担任　3回	成績処理
18	3年生の担任　4回	小テスト作成
19	作文や振り返りのコメント書き	英語を話す
20	通知表の所見	小学校で出前授業
21	学級編成	担任の先生たちをうまく使って笑いをとる
22	毎日黒板にメッセージ	会話テスト
23	行事前に黒板アート	ALTとコミュニケーションをとる
24	合唱の分析	自分が英語の勉強を頑張る
25	朝の挨拶運動	複数学年に跨いで授業
26	植物を教室で育てる	宿題を出す
27	欠席者への連絡	宿題のチェック
28	生徒と個別相談	
29	進路指導	
30	面接指導	
31		

	あなたが書いた数	100
25	11	7
その他 人間関係・校務分掌・部活動など	事務作業編	プライベート編
おすすめ本を生徒と貸し借り	先を見通せる	英語の勉強を続ける
本の感想を言い合う	提案事項の根回し	朝4時起きで自分の英語の勉強
力のある先生に根回し	スケジュール管理	朝活だけで小学校の免許をとる
困ったことは同僚に聞く	付箋を使ったTo Doリスト	飲み会に積極的に参加
生徒からの恋愛相談	スライドづくり	読書
気になる家には電話	エクセル使える	留学カウンセラーの資格取得
お局さまと仲良くなる	わからないことをすぐに調べる	英検準1級取得
おじさまの先生と仲良くなる	パソコン全般が好き	
海外視察	シールを作成する	
海外留学引率	週案簿で授業の確認	
校長に自分の思いを伝えまくる	提出書類を期限より前に出す	
部活動ではフォロー役		
副顧問の役割を果たして、主顧問をたてる		
生徒の応援		
生徒会担当		
防災担当		
市内英語科の代表で県300人の前で発表		
市内発表		
校内研究授業		
特別活動主任		
生徒指導		
学年委員の担当		
朝練で生徒と一緒に走る		
やったことないスポーツの顧問		
行事の運営		

「これまでやってきたこと」を書き出すのに数に指定はありませんが、受講生には全員100個以上書き出してもらいます。200個でもかまいません。思いつかなくなるまで出しきることが大切です。

いきなり100個って……。できる自信がありません。

スキルは特別にやってきたことではなくてもかまいません。「さすがにこんなことまで書いていいのかな？」と思うこともあるかもしれませんが、どんどん書き出してみましょう。

わたしの例を参考にしていただくと、「学級活動編」では「毎日学級通信を手書きで書く」とがんばっていたことが真っ先に挙げられています。これは意識してがんばってきたことだからです。

しかし、段々アイデアがなくなっていることがわかると思います。9個目くらいからはほんとうに些細な思いついたことが書かれています。たとえば、25個目「朝の挨拶運動」はスキルに思えないかもしれませんが、決まった時間に早起きして出勤して、自分から進んで挨拶をしていた事実があるわけです。

また、アイデアは分解したり、つなげたりすることで項目が増えます。たとえば、宿題を提出してもらえるように絵やイラストを工夫してつくった人もいるでしょう。それは工作スキルに派生するかもしれません。あるいは、「宿題のチェックもがんばっていたな」と気づけば、それもスキルとして挙げられます。

わたしはプライベートの項目が少ないのですが、ある先生はプライベートでヨガインストラクターの資格を取得しようとしていました。そこでヨガの勉強が楽しいのか、資格を取ることがモチベーションになっているのか、分解して考えて、項目を挙げていきました。

ヨガインストラクターの資格取得のためには、ポーズをとることはもちろん、知識も必要となります。この時点でポーズを上手にとること、知識をつけることの２つに分けられますが、もっと細かくしてみると、ヨガの哲学、ポーズの指導法、呼吸法、瞑想など項目は広がっていきます。

先にお伝えしておくと、50個書くのも大変な方もいるかもしれません。80個を過ぎるとだいぶ絞り出すことになるでしょう。その場合は、教員１年目から時系列に沿って振り返って「自分は何をしていたかな？」と書き出してみましょう。当時の人間関係から思いつくものもあるでしょうし、「国語では何をしたかな？　算数では何をしたかな？　部活動では何をしていたかな？」と活動自体から気づくこともあるはずです。

わたしは事務作業も好きだったので、パソコン全般のスキルと書いてありますが、パソコンを使って椅子に貼るシールをつくることも多かったと思い出して書き加えています。

当時の同僚に自分が何をしてきたのか、聞いてみるのも効果的です。**先生方は皆、スキルの集合体なのです。**それが当たり前すぎて見逃してしまうからこそ、スキルの数をたくさん挙げてもらうことに意味があります。

受講生の声

「実際にワークをやってみて100個出すのは苦労しました。1年1年を振り返ってみて、『あれもやったな、これもやったな』と細分化していくと『自分ってこんなにやってきたんだ』とやる気が湧いてきました。それでも一人で100個出しきるのは難しかったので、他人と対話をしながら115個挙げることができました」

100個という数字から逃げたくなるかもしれませんが、一つひとつ挙げていくと、達成感や自信が生まれてきます。数日に分けてもかまわないので、まずは10個挙げることから取り組んでみてください。

自分がやってきたことを認めるという視点で取り組むといいんですね。

スキル別表に分類する

スキルを100個書き出したら、今度はそれを「スキル別表」に分類していきます。

STEP2

ノートや模造紙に「ティーチングスキル（学習指導）」「コーチングスキル（動機づけ）」「カウンセリングスキル（心理ケア）」「マネジメントスキル（学級・学校運営）」「コミュ

ニケーションスキル」「事務、雑務対応スキル」の6分類を書き込みます。

次に付箋に書いたスキルを6分類に分けて貼っていきます。それぞれどんな項目が当てはまりそうか、例を挙げているので参考にしてください。

STEP2. スキル別表（筆者回答例）

ティーチングスキル（学習指導）

・各教科の授業・各教科の指導案作成
・各教科のワークシートの作成
・授業研究発表

英語の歌をセレクト／有料の研修会に出る／読めない子のためにルビをふる
教材にまつわる動画を見つけて流す／導入でモノを使う
導入で作成したスライドを使う／帯活動を充実させる
人から教わった教材をアレンジ／授業づくりの本をたくさん買って読む
授業の導入／テスト作成／成績処理／小テスト作成／英語を話す
小学校で出前授業／担任の先生たちをうまく使って笑いをとる／会話テスト
自分が英語の勉強を頑張る／複数学年に跨いで授業／宿題を出す
宿題のチェック／海外視察／市内英語科の代表で県300人の前で発表
市内発表／校内研究授業／先を見通せる／英語の勉強を続ける
朝4時起きで自分の英語の勉強／読書／英検準1級取得

マネジメントスキル（学級・学校運営）

・学級運営、担任業務、学校運営
・生徒間の関係性の把握、気づき
・行事、イベント運営

受験生をもったときに手作りお守り／可愛いもの（紙など）を使う
行事後、写真の掲示物を作る／掲示物もあえて手書きで文字を書く
学級文庫を充実
1年生の担任　4回／2年生の担任　3回／3年生の担任　4回
学級編成／毎日黒板にメッセージ／行事前に黒板アート
合唱の分析／生徒と個別相談／力のある先生に根回し
気になる家には電話／校長に自分の思いを伝えまくる
副顧問の役割を果たして、主顧問をたてる
生徒会担当／特別活動主任／生徒指導／学年委員の担当
行事の運営／先を見通せる／提案事項の根回し
読書／留学カウンセラーの資格取得

<table>
<tr>
<td>

コーチングスキル（動機づけ）
・学習への動機づけ・進路への動機づけ
・目標設定アドバイス・個別、集団の士気を高める
・保護者対応、生徒対応・進路指導、キャリア指導

</td>
<td>

カウンセリングスキル（心理ケア）
・日常的な生徒間トラブル対応
・困り感の強い保護者対応
・いじめ問題、登校しぶり、学習困難、不登校児への対応

</td>
</tr>
<tr>
<td>
英語の歌をセレクト／有料の研修会に出る
読めない子のためにルビをふる／教材にまつわる動画を見つけて流す
導入でモノを使う／導入で作成したスライドを使う
帯活動を充実させる／人から教わった教材をアレンジ
授業づくりの本をたくさん買って読む／授業の導入
ポイント制度を導入／可愛いシールを集める
担任の先生たちをうまく使って笑いをとる／生徒の応援
朝練で生徒と一緒に走る／朝活だけで小学校の免許をとる／読書
</td>
<td>
部活動ではフォロー役
読書
留学カウンセラーの資格取得
生徒と個別相談
進路指導
不登校の保護者との関係を築く
生徒からの恋愛相談
</td>
</tr>
<tr>
<td>

コミュニケーションスキル
・生徒、保護者、教員間での人間関係構築
・管理職・年配の方への根回し
・他教員との連携、協力
・外部業者とのやりとり、交渉・人脈形成

</td>
<td>

事務、雑務対応スキル
・各種書類、プリント作成・学級通信を書く
・テストの採点、成績処理
・部活動、クラブ活動などの管理運営
・学校行事の企画、計画、準備

</td>
</tr>
<tr>
<td>
不登校の保護者との関係を築く／保護者に電話
担任の子たちの部活動の応援／聾者の担任・筆談
作文や振り返りのコメント書き／通知表の所見
毎日黒板にメッセージ／行事前に黒板アート
朝の挨拶運動／欠席者への連絡／生徒と個別相談／進路指導／面接指導
振り返りシートで生徒とやりとり／ALTとコミュニケーションをとる
おすすめ本を生徒と貸し借り／本の感想を言い合う
力のある先生に根回し／困ったことは同僚に聞く／生徒からの恋愛相談
気になる家には電話／お局さまと仲良くなる／おじさまの先生と仲良くなる
海外視察／海外留学引率／校長に自分の思いを伝えまくる
部活動ではフォロー役／副顧問の役割を果たして、主顧問をたてる
提案事項の根回し／飲み会に積極的に参加
読書／留学カウンセラーの資格取得
</td>
<td>
毎日学級通信を手書きで書く／学年末にはクラス文集を作る
日直当番表の名前を手書きで書く
筆ペンを使っていろいろ書く
不登校のプリントをまとめる／机の整頓
植物を教室で育てる
カードをラミネートで頑丈にする
カードの周りは角丸くん／防災担当
やったことないスポーツの顧問／先を見通せる
提案事項の根回し／スケジュール管理
付箋を使ったTo Doリスト／スライドづくり／エクセル使える
わからないことをすぐに調べる／パソコン全般が好き
シールを作成する／週案簿で授業の確認
提出書類を期限より前に出す／読書
</td>
</tr>
</table>

お疲れ様でした！　ここまでかなりの作業量だったと思います。あともう一息で強みの発見は終了です。

スキルを主観と客観で評価する

最後に分類したスキルのなかから**「自信がもてそうなスキル」「人から褒められること」をそれぞれ３つ絞り込んでみてください。**

わたしは「朝４時起きで自分の英語の勉強」をしたことはがんばっていた自覚があり、自信がもてそうなスキルとして真っ先に挙がりました。

また「生徒の個別相談」はいちばん楽しかったし、しっかり時間を取ろうと意識していました。「先を見通せる」ことも意識して数多くの教員業務を進めていました。

スキルを挙げたら、次にそれぞれ自信がもてる理由とそれを裏付けるエピソードを考えます。そのスキルが仕事以外でも自然にできてしまっていることに気づきを得ます。

たとえば、わたしは典型的な朝型人間で夜はすぐに眠くなってしまいます。学習であったり、プランを練ることであったり、緊急性はないけれど大事にしたいことは朝におこなっています。

また、教員をやめてからも同窓会で卒業生に会ったときには相談に乗ることもありますし、先を見通すことは旅行の計画や家事など、仕事以外の場面でも基本的にしています。「自信がもてそうなスキル」というのは「仕事じゃなかったとしても、これはするだろうな」とイメージできるものです。無理なく自然とできそうなスキルは自分の強みとなります。

また、「人から褒められること」も同様です。もしかしたら「自信がもてそうなスキル」と同じスキルやつながりのあるスキルが挙がるかもしれません。重なりは気にせずに３つ選んで、そのスキルが自分の強みとなるか、客観的に評価してみてください。

その後、「自分ではどう思うか？」を一歩踏み込んで考えてみます。他者評価と自己評価が両方とも高いスキルであれば、「こんなこともしていたな」と、具体的な例が思い浮かぶでしょう。人から褒められる点を「ふーん、そうなんだ」で終わらせないため、自分の感想を書きましょう。

STEP3

スキル別表の中から「自信がもてそうなスキル」「人から褒められること」の上位３つをそれぞれ挙げて、その理由、エピソード、自分の思いをまとめてみましょう。

上位３つに絞るのが難しい場合には、頻繁に使っているスキルや今後さらに伸ばしたいスキルを選んでみましょう。たとえば、「どのスキルを使うと楽しさや充実感を感じるか」「人の役に立っていると感じるか」といった視点から考えることが有効です。とくに達成感を感じたものに焦点を当てると絞りやすくなります。

STEP3. 自信がもてそうなスキル・人から褒められることの上位３つを決める

	自信がもてそうなスキル	理由	エピソード
1			
2			
3			

筆者回答例

	自信がもてそうなスキル	理由	エピソード
1	朝4時起きで自分の英語の勉強	早起きが習慣になっているので、朝の時間を使うことが一番効率がよいと思っている。朝型なのは、夜すぐに眠くなるから。	朝4時起きで英検準1級の勉強をして合格、留学カウンセラーの資格試験を勉強して合格、小学校免許を通信大学で取得予定で朝活でレポートを書いて、8ヶ月で取得。
2	生徒と個別相談	コミュニケーションをとるのが好きだから、放課後の雑談も、ちゃんとした個別相談も結構時間をとりながら、話を聞いていた。	時間がある限りこどもたちとも話す時間をとったから、信頼関係は作れていたと思う。たわいもないことで、職員室にもくるこどももいて、ついでに雑務を手伝ってもらっていた。
3	先を見通せる	行事担当になることが多かったけど、とにかく計画を先まで立てて、To Doリストを作ってまとめていた。テスト制作も、成績処理も所見も、ギリギリに提出するのが嫌だったので、先を見通してどんどん進めていくことができた。	締切に遅れることはない。みんなが慌てているときに余裕そうにしているのが好き。自分はとにかく慌てたくない（慌てるとミスが多くなる）から、周りは気にせず、自分のペースで淡々と先にいろいろと済ませていた。今も計画をたてるのは好き。

人から褒められること	自分ではどう思う？

人から褒められること	自分ではどう思う？
毎日学級通信を手書きで書く	手書きで書いていたのは、パソコンを開かなくてもすぐに気づきをかけたから。わりとノートなどにメモするのは好き。読んでくれる人がいたから、毎日書けた。
生徒指導	生徒を叱ることが疲れるし好きではないけど、演じて頑張っていた。しかし、生徒と向き合うことは好きだったので、叱るだけではなく、話をちゃんとできていたとは思う。
行事の運営	特別活動主任や生徒会担当、学年委員などもやっていたので、大人を動かすのも、こどもを動かすのも好きだった。計画をたてるのも好き。

受講生の声

「STEP2は比較的スムーズにできました。そこから3つにどうやって絞ったらいいのか迷いました。そこで6分類すべてに共通していそうなスキルをピックアップしてまとめてみたら、自分でもこれでいいんじゃないかなと納得感がありました」

STEP2でまとめた6分類からさらに細かな分類を自分なりに考えてスキルをまとめるのは、最終的に3つに絞り込みやすくするひとつの方法です。基準はないのでご自身の「これだ」と思う方法で絞り込んでみてください。

じつは次章の「得意なこと・人から褒められること」でもう一度、自分の強みを見直す機会があります。ここではすべてのスキルを棚卸することが主たる目的なので、あまり気負わず、気持ちをラクにしてスキルを3つ絞り込んでみてください。

第3章

できないをできるかもに変えるためにほんとうにやりたいことを掘り下げる

人生の棚卸

前章でスキルを棚卸して自分の強みを認識しました。ここでは人生全体を見て、モチベーションをコントロールする要因を知るためのワークをしていきます。

序章で「ほんとうにやりたいこと」は「大切にしていること」「得意なこと」「興味があること」の交わるところにあると述べました。これら3つの柱は**自己の経験価値**を種に発見していきます。ですから、「ほんとうにやりたいこと」を見つける作業の前段階として、人生の棚卸をするのです。

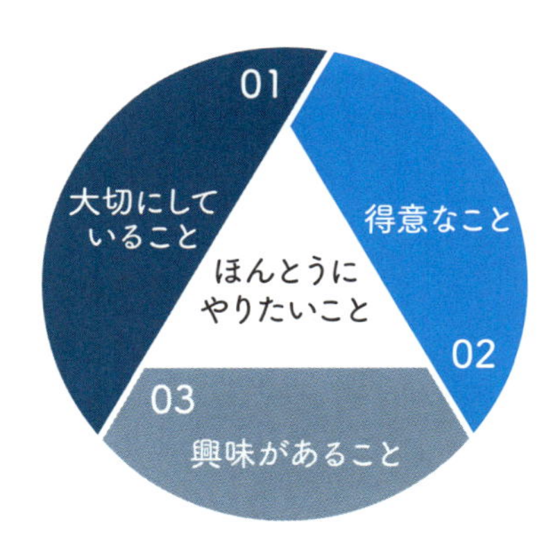

まず作成していただくのが「モチベーショングラフ」です。過去の出来事に対するモチベーションを記入して、自身のモチベーションの高まりやデータを分析するためのものです。

人生を振り返って自分はいつモチベーションが上がって、いつ下がっているのかを可視化してみましょう。

モチベーションの原点を知ることは、自分の強みや弱みの理解につながって、仕事の適応性を見たり、キャリアや人生の方向性を考えたりする手がかりとなります。人生の目的、目標設定にも役立ち、自己成長を促進します。キャリアの可能性を探る前に、モチベーションの源泉を分析していきます。

STEP1

①人生の出来事を書く

用意したノートに1歳ずつ「出来事・事実」「当時の感情」を書いていきます。そのあとで「モチベーション数値」を－100～100%の幅で設定します。

②数値をグラフにする

現在の年齢まで1歳ずつ人生の出来事をまとめたら、モチベーション数値をグラフに転記していきます。全体を見ると、上がり下がりがはっきりします。

この作業は40歳なら40回転記することになり、とても時間がかかるので、数字を入れていくと自動的に反映される無料テンプレート（Excel、PowerPoint、Wordなどの形式）がネット上にもたくさんあります。様式は問わないのでダウンロードするのもいいでしょう。

① 人生の出来事を書く

1歳ずつ「出来事・事実」→「当時の感情」→「モチベーション数値（-100 ～ 100% の幅）」の順に記入する。

年齢	西暦	モチベーション数値（%）	出来事・事実	当時の感情

年齢	西暦	モチベーション数値（%）	出来事・事実	当時の感情

年齢	西暦	モチベーション数値（%）	出来事・事実	当時の感情

年齢	西暦	モチベーション数値（%）	出来事・事実	当時の感情

② 数値をグラフにする

※モチベーショングラフを一から作成していくのは手間がかかるので、無料で使えるテンプレートやフォーマット（Excel、PowerPoint、Word など）を活用すると便利です。手書きで作成したい人は下記を参考にしてください。

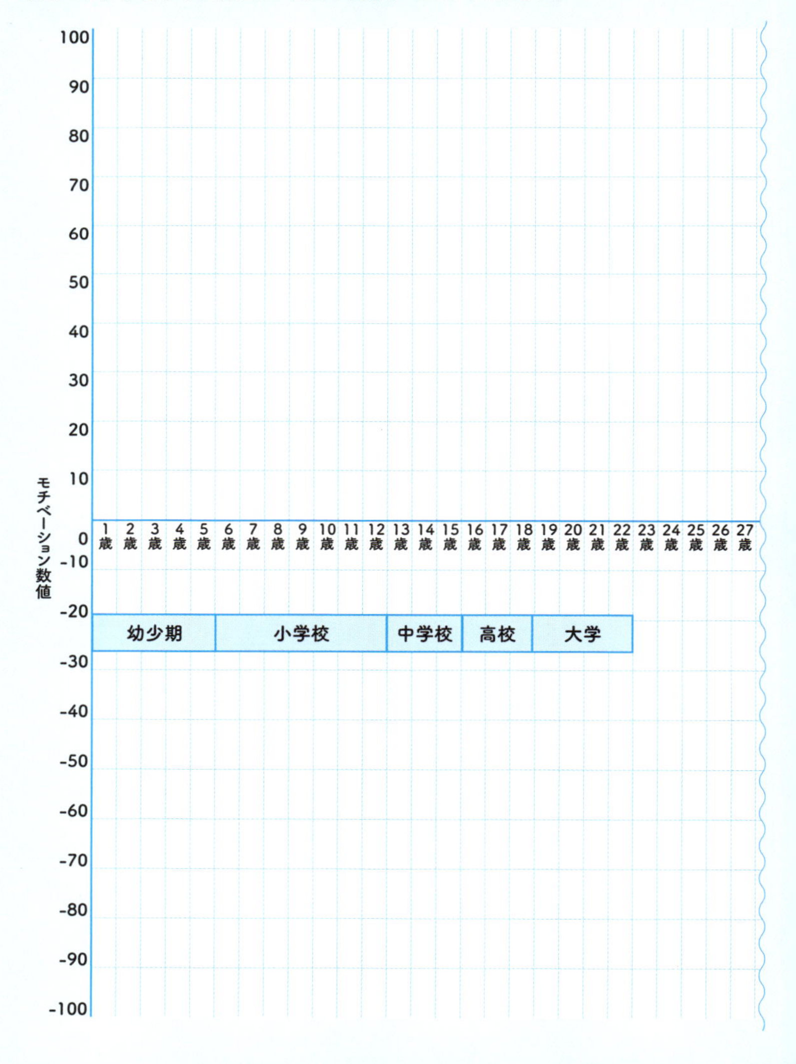

46歳	47歳	48歳	49歳	50歳	51歳	52歳	53歳	54歳	55歳	56歳	57歳	58歳	59歳	60歳	61歳	62歳	63歳	64歳	65歳	66歳	67歳	68歳	69歳	70歳	71歳	72歳	73歳	74歳	75歳

小さいころの出来事を細かく思い出せる自信がない……。

できるだけ1歳ずつ出来事を思い出していただきたいのですが、小さいころの記憶はないかもしれません。どうしても思い浮かばないときは0～5歳とまとめてもかまいません。

時期によっては記憶が曖昧で1、2行になる年齢もあると思います。その場合、可能であれば家族に聞いてみましょう。わたしは10歳のときのことがどうしても思い出せなくて、親に尋ねたところ「覚えていない」の一言で終わってしまいました。そういうこともありますが、自分一人で思い出せないときには家族の力を借りるのも1つの選択肢です。

また、西暦も書くようになっているので、この時期に何があったのか、何が流行っていたのかをネットで調べられます。そこで「何歳でスマホを持ったんだっけ？」「このときによくカラオケで歌っていたのはどんな曲だっけ？」と世の中で起こっていることを糸口に当時の記憶を紐解いていくこともできます。

わたしの高校2年生のときの例を出します。「文系クラスを選んで翔子ちゃんと仲良くなって、吹奏楽部として東海大会に出場して……」と当時の出来事が思い出されました。このときは勉強もすごくがんばっていたのですが、野球部が県大会を勝ち進んでいて、みんなで応援に行くことも楽しい思い出でした。素直に彼氏ができたことも書いています。

年齢	西暦	モチベ数値%	出来事・事実	当時の感情
16歳	2001	60	①高2、文系クラスを選ぶ ②翔子と仲良くなる ③吹奏楽部で東海大会に出場する。岐阜羽島にみんなで行く。Sクラ任される ④ディズニーのマーチングに合格して、強風の中演奏する。その後みんなでディズニーで遊ぶ ⑤ゆうやくんと出会う、付き合う ⑥修学旅行で初めて九州(長崎・福岡) ⑦勉強をすごく頑張っていい成績をとる ⑧野球部が県内ベスト4、野球応援に何度もいく	①明るいクラスだな〜なんかチャラいなみんな ②しょうちゃん可愛い〜いい子 ③私が吹いて大丈夫なんだろうか・・・遠征楽しい〜緊張するけど、みんなうまい〜 ④おそろの服装が嬉しい〜ディズニーの裏側がおもしろい〜 ⑤イケメン、背が高い、押尾学、自慢〜 ⑥初めての九州、寒い〜ラーメン美味しい ⑦歴史の先生が好き〜やればやるだけ試験で点数とれるのおもしろいな〜 ⑧これが青春って感じ、野球部、応援団ありがとう〜

これを1歳1歳やっていくのでかなりの文量になるはず。おそらくたくさん書けるところは、モチベーション数値が大きいか小さいかのどちらかです。モチベーショングラフをつくる目的は感情がすごく上がった経験、下がった経験を見ることです。

出来事・事実を書けなかったら、そこでは何もなかったのだと思っていただければと思います。

細かく書けば書くほど、当時の感情が鮮明になって、どういうモチベーションの状態だったか、解像度高く分析できるのでがんばって絞り出してください。

わたしの高校2年生はポジティブ体験に入りますが、モチベーション数値は60%と控えめです。苦しかった時期だと33歳のときにメンタル疾患に陥り、休職する経験をしました。そのときのモチベーション数値は-60%くらいでした。モチベーショングラフを作成し、グラフ化した後は、以下のステップでさらなる深掘りと行動計画を進めることが効果的です。内容をもとに自分の中のモチベーション要因を探っていきましょう。

以下に言語化のステップと質問の例を挙げます。これらを手掛かりに「なぜ？　なぜ？」と答えを深堀していきましょう。「なぜそのような行動をとったのか」「何を感じていたのか」を言語化してみてください。

STEP2

モチベーショングラフの内容について次の質問に答えてみましょう。

Q1　「いちばんモチベーションが高かったとき、どんな感情を抱いていましたか？　反対にいちばん低かったときは？」
ここでは「出来事」と「感情」を同時に振り返り、モチベーションの変動に対する自分の感情を確認します。

モチベーションが高かったのは、大学生のころ、教育実習を終えた直後。はじめて教壇に立つ経験をして、生徒とのやりとりがとても楽しく、教師としての自分が楽しみで、教員採用試験に向けてがんばっていた。大学の友人やバイト仲間と多くの時間を過ごしていて、旅行に行ったりご飯を食べたり、良好な人間関係がモチベーションをさらに高めていたと思う。

モチベーションが低かったのは、教員として4年目に入ってはじめて異動したとき。小規模校から大規模校への異動で、難しい生徒や同僚が増えた。生徒対応や保護者とのやりとりも予想以上にストレスフルだった。部活動も土日にあって、仕事に追われて友人と会う時間が減り、リフレッシュする機会が少なくなり、つねに疲れていた。しだいに教員を続けていくことに自信がなくなっていった。

Q2 「モチベーションが高かったときと低かったときに共通していた状況や違いは何ですか？」
この質問は、出来事や状況に着目し、感情を確認したあと客観的な要因を掘り下げます。

高いとき:　異動後、新しい学校が近く、通勤がラクになった。同僚とのコミュニケーションもスムーズで、生徒たちともすぐに打ち解けることができたため、モチベーションが高かった。

低いとき:　異動後、通勤が長くなってより疲れるようになった。同僚や管理職とのコミュニケーションに苦労してモチベーションが低下していた。

共通点:　異動という同じ状況でも、職場環境や人間関係への適応が異なることで、モチベーションに大きな差が出ていた。

Q3　「モチベーションが高まったとき、どのようなきっかけや要因がありましたか？　また、低下したときはどんな要因が関わっていましたか？」

ここでは「感情」ではなく、具体的な行動や出来事に焦点を当て、トリガー（引き金）を特定します。

モチベーションが高まったとき（留学を準備していたころ）：語学の勉強に集中し、留学先の文化や学びたいことを調べながら、将来の目標が明確になっていくのを実感した。とくに、自分が新しい環境で成長できるという期待感や、留学が自分のキャリアにとって大きなステップになるという確信がモチベーションを押し上げたと思う。また、日々の準備や計画が自分にとって楽しみであり、達成感も大きかった。

モチベーションが低下したとき（仕事の負担が増えたとき）：教員として働いているときに次々と仕事を任され、業務量が急激に増えた。授業準備だけでなく、部活動の指導や保護者対応、さらには校内の委員会活動も割り当てられ、自分の時間がどんどんなくなっていくのを感じた。終わらない仕事に追われ、心身ともに疲れ切ってしまい、つねにプレッシャーを感じていた。私生活でも趣味やリフレッシュの時間が取れなくなっていたことが、モチベーションの低下を加速させていた。

Q4　「現在のモチベーションレベルはどうですか？　今感じている感情は何ですか？」

ここでは、現在の状態にフォーカスし、過去と比較せずに「今」を見つめる質問をします。

現在のモチベーションは、正直あまり高くない。教員としての仕事を続けているけど、未来に対して明るい希望が見えず、漠然とした不安を感じている。生徒たちと関わること自体にはやりがいを感じるものの、日々の業務の忙しさや、教員という職業の未来に対する不透明感が大きく影響している。自分がこのまま教員として成長していけるのかという疑問を抱えている。
さらに、プライベートの時間が取れず、自分のリフレッシュやスキルアップに向けた時間を確保するのが難しい状況。仕事に追われる日々が続き、これ以上のモチベーション向上のための余力も感じない。将来に対する展望が描けず、このまま続けるべきか、ほかの道を考えるべきか迷いが生じている。

Q5 「モチベーションが高かったときや低かったときを振り返って、今後の自分に活かせる具体的な行動や対策は何ですか？」
過去の振り返りを終えた後、その学びを未来の行動に結びつけるための視点をもたせます。

高かったときは、目標が明確で具体的な計画をもっていた。低かったときは、仕事の負担が大きく、時間やエネルギーに余裕がなかった。サポート体制があるときはモチベーションが高まり、孤立しているとモチベーションが下がった。今後の具体的な対策として、まず目標を明確にして定期的に見直し、進捗を確認する時間を設けたい。さらに、自分の体調と仕事量をチェックし、必要があれば調整をおこなう習慣をつけたい。意図的に休む時間をとること、リフレッシュすることも意識していきたい。

最後に、過去の経験を踏まえて未来に向けて、あらかじめモチベーションが下がる状況を想定して対処法を考えておきましょう。

グラフ全体を見ると突然上がったり、下がったりする時期があると思います。何がきっかけでそうなったのかを考えてみてください。

以下に質問の例を挙げます。これらを手掛かりに「なぜ？　なぜ？」と答えを深掘りしていきましょう。「なぜそのような行動をとったのか」「何を感じていたのか」を言語化してみてください。

たとえば、わたしは一学年２クラスの中学校から８クラスの学校へ異動になったときに人間関係が大変でした。先生同士の考えもまとまらないし、異動したばかりだから意見もあまり言えないときにモチベーションが大きく下がりました。その原因を考えると、「生徒数も教員数もすごく多かったから緊張していたな」とか、「仲良くなった先生が突然いなくなってしまって心細かったな」と質問に答えることで気づいたことが複数ありました。

あるいはモチベーション大きく下がってから、大きく上がっていれば、何かしら乗り越えた経験があったはずです。グラフが平坦なところではなく、大きく動いているところに着目して、自分が何に動機づけされるのかを客観的に分析してください。

受講生の声

大学合格など印象的な出来事は覚えていますが、過去を振り返ることはあまりしてきませんでした。人生の棚卸をすることで「昔からこういうことが好きだったんだな」「こういうときにワクワクしたんだな」と気づいて、自分のがんばれるポイントがわかってよかったです。

価値観ワークで大切なことを見つける

ここまでスキルの棚卸、人生の棚卸を完了して準備は整いました。いよいよ「ほんとうにやりたいこと」を明確にしていきます。スキルの棚卸・人生の棚卸の土台があることでこれからのワークで本質的な答えを出すことができます。まずは「大切にしていること」を見つける価値観ワークです。価値観とは、よく聞く言葉だと思います。価値を認めて大事にしたいと考えているもの、簡単に言えば、あなたが人生において大切にしていることです。

なぜ価値観を明確にしていく必要があるのでしょうか？　人生に迷わないための選択基準を手に入れるためです。すべての人はそれぞれ価値観の優先順位に従って生きています。私たちは物事を自由に選択しているつもりでも、その裏には自覚していない優先順位があります。ですから、自分が何をもって行動しているのかを知るために、優先順位を言語化していきます。

「なんのために生きるのか？」
「なんのために働くのか？」

この２つは価値観に気づいていくための大きなテーマです。本項ではこの２つを言語化していくことをゴールにしています。
たとえば、働く目的は人それぞれ異なりますよね。成長し続けるため、自分も周りも笑顔でいるため……。生活のためであったとしても、お金ではなく「安定」に強い価値観があると推測できます。あるいは「大切な人を大切にしたい」という思いかもしれません。「それならわたしの働く目的は？」と、考えを進めることができます。

こんな大きなテーマを聞かれても、最初はモヤモヤしてしまうかもしれません。キャリアに悩むのは何かが欠けている気がするからです。教員なら「こどもたちが健康に１年過ごせること」はいちばんの目標になり得ると思いますが、それが実現できても何かが足りない。授業研究をして、いい授業ができたことで１週間は充実した気分だったけれど、何か違う気がする……。こんな声をたくさん聞きます。そして、違和感があるから、キャリアを充実させられるものとして資格取得に目をつけるというのはよく相談されるケースです。

なぜ目標を達成しても満足できないのでしょうか？　**目標が自分の価値観からずれているから**です。「これを大事にしよう」と思って、自分なりに考えた目標を立てたのに達成感がそれほどないという人はほんとうに多いです。それはほんとうに望んでいるものではないことにしがみついている可能性が高いです。

あなたが大切に思っていることはほんとうに大切ですか？
あなたの価値観にあるものですか？
自分以外の誰かの価値観に合わせていませんか？

価値観は、人生を決めます。しかし、環境に左右されやすいものです。たとえば、親から言われたことが自分の大切なものだと思い込んでしまうわけです。でも、自分の価値観とはずれているので、親の言うことに従ってもモヤモヤは解消されません。

反対に言えば、自分の価値観を明確にするためには、**このモヤモヤ、人生に欠けているものが糸口**になります。裏には自分にとって重要なもの、価値があると考えるものがあるのです。たとえば、「時間が足りない」という答えが出てきたのであれば、自由や主体性に価値を置いている可能性が高いわけです。

もちろん、価値観は生涯固定されるわけではありません。たとえば、わたしは「自由」という価値観を大切にしています。しかし、休職していた時期には当然「健康」が最優先の価値観になりました。人生のターニングポイントとなるような出来事が起こると価値観は変わります。結婚をして変わったという人もいるでしょう。順番はライフステージの変化によっても変わります。

もし「お金」が第一であれば、現在は普通に生活できていたとしても、昔からお金が足りないという意識が強かったのかもしれません。「家族」であれば、幼少期に家族関係で欠けていたものを埋めようとしているのかもしれません。言語化して、現時点での優先順位を明らかにしていきましょう。

STEP1

価値観に気づく質問

以下の質問に答えて、回答を【ノート】に書いてみましょう。全部で5つの質問があります。

Q1 何によくお金を使っていますか？

回答例：学び、旅行

お金の使い方は、何を重視しているかを示すひとつの指標です。たとえば、趣味や娯楽に多くのお金を使っている場合、楽しみやエンターテインメントを重視している可能性があります。

逆に、投資や教育にお金を多く使っている人は、将来への準備や成長を重視しているかもしれません。わたしの場合は、学びと海外旅行への支払いは躊躇（ちゅうちょ）なくします。そこからわかる価値観は、「成長」や「学び」が大きいと思っています。

Q2 これまでの人生での大きな決断と、そのとき大事にしてきた判断基準はなんですか？

回答例：10年以上勤めた教員を退職したこと
判断基準：教員で居続ける未来が想像できなかった

あなたの大切にしたいことや信念、リスク管理のアプローチを理解することができます。たとえば、家族との時間を確保するために仕事をやめた場合、家族や人間関係を大切にする価値観をもっています。

逆に、キャリアや個人の成長を重視して大学進学や転職を決断した場合、自己実現や成長を重視する価値観をもっているかもしれません。

また、大きな決断をする際の判断基準は、その人のリスク管理のアプローチを示しています。リスクを避けることを重視するのか、リスクを冒してでも目標を達成したいと考えるのか。わたしの場合は、多少のリスクがあっても試してみるので、「挑戦」や「成長」が強い価値観だと思っています。

Q3　何に心を動かされるでしょうか？

> 回答例：ドラマでも教員時代の生徒の様子でも、できなかったことがだんだんとできるようになっていく過程。努力している人を見ると、心が動かされる。プロ意識が高く、こだわりが強い人にも刺激をもらえる。

あなたの大切にしたいことや信念、経験、感情を整理し、理解することができます。芸術や文化に心を動かされる人は、美や創造性を重視するかもしれません。こどもの笑顔や動物の愛らしさに心を動かされる人は、幸福や喜びを重視する可能性があります。

逆に、過去の苦難や困難に直面した経験から、困っている人々や弱者に心を動かされることもあります。わたしの場合、学校現場にいるころは、生徒ができなかったことができるようになったときに感動して、卒業式は毎回涙をこらえていました。こどもたちの成長を見るのがほんとうに嬉しかったんだと思います。また、ドラマも大好きです。ドラマの主人公が最終話に向かって、山あり谷ありから成長していく姿にも心動かされます。やはり「成長」が大切にしたいことのひとつのようです。

Q4 最近イラっとした、もしくは心がザワザワした経験は何ですか？　何にイライラしましたか？

> 回答例：マウントをとってくる人、見下している態度をとってくる人

イライラや心がザワザワする経験は、あなたが何を重視し、何が大切なのかを示します。たとえば、誰かの他者への無神経な行動にイライラした場合、あなたは他者への敬意や礼儀を重視している可能性があります。

逆に、システムの不公平さや不正義に対してイライラした場合、公正や正義を重視しているかもしれません。誰かの他者への無責任な行動にイライラした場合は責任や誠実さを重視している可能性があります。わたしの場合、自分だけでなく、第三者にもマウントをとっているような人を見るとストレスに感じます。そこからわかるわたしの大切にしたいことは、「公平さ」「フラットな人間関係」だと思います。

Q5 自分が人生を終えたときに、周りの人からどんな人

だったと言われたいですか？

回答例：いつも明るくて、何かに向かって挑戦している人で、希望になる人だったね

自分が人生を終えたときに周りの人からどのように評価されたいかを問うことで、その人の人間関係への価値観、品性、価値観の重要性、自己実現や成長への願望などを理解できます。たとえば、「優しい人」「支えとなる人」「信頼できる人」と言われたい場合、人間関係や他者への貢献を重視する傾向があるかもしれません。「夢を追い求めた人」「つねに挑戦し続けた人」「成長を重ねた人」なら自己実現や成長を重視し、積極的な行動を取ることを重要視している可能性があります。

私自身は、「いつも明るくて、何かに向かって挑戦している人で、希望になる人だったね」と言われたいです。わたしの強い価値観として「希望」があります。

同じ言葉がたくさん出てきそう……。

質問が違うのに同じような言葉が出てくるのは、強い価値を感じている可能性が高いです。「違う質問に答えているのに、同じことを書いているな」という気づきから、それがだんだん強い価値観なのだと実感が生まれてくるでしょう。

STEP2

ノートに書いた回答を似たもの同士でまとめていきます。以下に実際の例を示します。まとめる際の言葉は、自分で考え、それがいくつの答えをまとめたものか、その数も書いておきましょう。

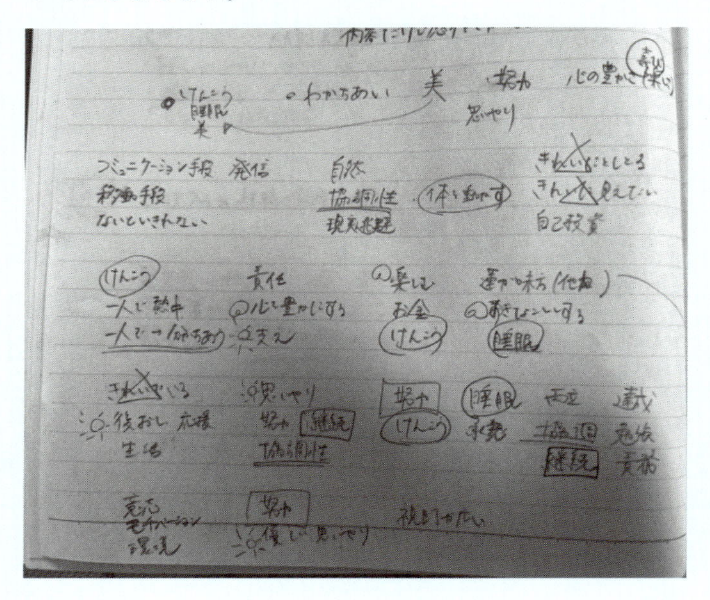

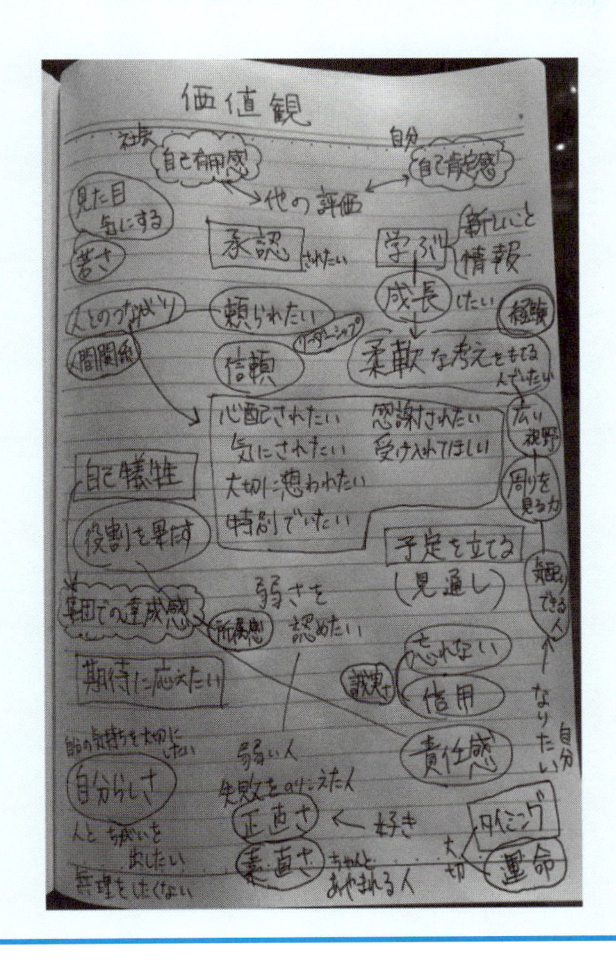

たとえば「何によくお金を使っていますか？」という質問に「本」「セミナー」「資格」という答えが出てきたら、「知的能力を高めるということかな」「全体的に学ぶということなのかな」といった感じでまとめていただいてかまいません。

「からだにいい食べもの」「エクサイズ」「温泉旅行」を「健康」

としてまとめてもいいですし、楽しみとして「ワクワク」にするのでもいいです。しっくりくる言葉にまとめてください。

反対に睡眠、食事、運動という答えが出てきて、それは健康で一括りにできるかもしれませんが、それぞれ別々の価値観として大切にしているのであれば、分けてもかまいません。

作業するなかで「この言葉はいっぱい出てくるけど、大切にしているものとは違うかもな」と思ったら三角をつけたり、「自己犠牲は集団での達成感につながっているんだな」と線でつなげたり、似たような言葉は丸、三角、四角など同じ記号で括ると整理しやすいです。

STEP3

似たもの同士をまとめたら、そのなかでしっくりくる言葉を5つまで絞り込んで、価値観に1～5位まで順位をつけます。それぞれ「価値観の定義」「これまでその価値観を満たせた具体的な体験」を書き記していきます。

	価値観トップ5	価値観の定義	価値観を満たした具体的な体験
1			
2			

3			
4			
5			

筆者回答例

1	自由	「あるべき」から解放され、自分で責任を持って選択できる状態。自分の居心地のよい状態で、心が豊かに過ごせている状態	①教員をやめて今の生活に満足している（いろんな悩みがあったとしても） ②大学時代、実家を出たのがすごくよかった ③日本ではないどこかにいきたいと思い、一人で海外に行ったとき
2	プロ	こだわりをもって、自分にしかできないことで人に貢献して、周りに影響力を与えている状態	①英語教員時代も資格試験に挑戦したり、そのために朝4時に起きて朝活勉強をしていたりした（英語を極めたい、自信をもちたい、教員だって学ぶの当たり前と思っていた） ②教員時代、どうやったらこの教材を活かせるかなど、教材研究、活動などを考えているとき ③コーチングを提供しているとき、教えているとき
3	成長	目標を定め、学ぶ努力をし、少しずつでも前に進んでいる状態	①個人事業になって講座を始めたり、目標売上を達成したのも、いつまでにどれくらい、の目標設定をして前に進んでいたから ②大学時代も、バイト代を貯めて留学するぞと決めて、留学費用を稼いだ ③英語学習をずっと続けていたこと、次から次へと試験を受けていたこと、オンライン授業で学んでいたこと

4	好奇心	興味のある学びや人との交流を通して新しい視点に気づいたり、新しい発見があったりする状態	①新しい環境に身を置いたときがすごくワクワクする。新しいコミュニティに入ったとき ②自分の専門分野以外の人の話を聞いているとき ③大人になってからも、大学や大学院は結構調べている。学びに飢えている。教員やめて留学準備をしていた
5	希望	自分の可能性を信じ、希望に満ち溢れている状態	①基本的に、何か挑戦するときも、「自分にはできる気がする」から入る ②教員をやめたときもなんとなかると思ったし、30代で長期留学いくときもなんとなると思っていた ③大学受験も退職も留学も、どれだけ両親が反対しても、我が道を信じて実行してきた

1位の価値観がもっとも重要で、そのほかの価値観はこの目的を達成するための手段です。1位にくる価値観のために2～5位があると考えてください。

ここで受講生Kさんの例を紹介します。Kさんは、「自分らしさ」「承認」「成長」「人とのつながり」「誠実」という価値観が出てきました。「承認されたい」という気持ちが大きいKさんですが、「承認」は2位、1位には「自分らしさ」がきました。

そして、「価値観の定義」を埋めていきます。人によってどんな状態が自分らしいかは異なるからです。Kさんの場合、「自分の気持ちに嘘をついておらず、人とは違う自分らしい生き方をして、充実感を得ている状態」です。自分なりの各価値観の定義を書いたあと、「その価値観を満たせた具体的な体験」を書きます。

次に「自分らしさ」を実現する手段として「誠実」が真っ先に

思い浮かんだので、それを5位に置きました。1位の次に5位を決めます。そして、「誠実」であるから「素直さや正直さを持ち、弱さを否定せず、ネガティブなことも受け入れながら、やるべきことをちゃんと実行している」ことで信頼が生まれ、「人とのつながり」につながるのではないかと考えて、4位を「人とのつながり」にしました。「人とのつながり」の定義は、「自己犠牲の精神を大切にし、集団での努力やそれによる結果や達成感を満たしている状態」としたので、新しいことを吸収し、さまざまな経験を積み、広い視野をもてるようになり、柔軟な考え方ができるようになったので、3位が「成長」に決まりました。

「成長」していく過程で「承認」の気持ちが生まれてきます。Kさんは、周りの人たちに評価され、認められ、頼られ、信用され、大切に想われていることで、「自分らしさ」を感じるといいます。

これが受講生Kさんの価値観です。「自分らしさ」を大切にするためには4つの価値観が不可欠であり、それらを手段として「自分らしい」状態をめざしているのです。

わたしの場合は「自由」「プロ」「成長」「好奇心」「希望」という価値観が出てきました。

そして、「価値観の定義」を埋めていきます。価値観が「自由」なら人によってお金、環境、時間など自由の定義は幅広く出てくるでしょう。わたしにとっての自由は「『あるべき』から解放され、自分で責任をもって選択できる状態。自分の居心地のよい状態で、心が豊かに過ごせている状態」です。自分なりにどんな状態が自由かを説明したあと、「これまでその価値観を満たせた具体的な体験」を書きます。

次に「自由」を実現する手段として「希望」が真っ先に思い浮かんだので、それを5位に置きました。1位の次に5位を決めます。そして、「希望」をもつから「やってみたいかもしれない」という「好奇心」につながるのではないかと考えて、4位を「好奇心」にしました。「好奇心」の定義は、「興味のある学びや人との交流を通して新しい視点に気づいたり、新しい発見があったりする状態」としたので、新しい環境に入ったり、自分が動いたりすることによって「成長」してきたので3位が「成長」に決まりました。「成長」していく過程で2位の「プロ」意識が生まれてきます。わたしはプロと呼ばれる人たちを尊敬していて、そういう人のようになりたいし、一緒に仕事をしていきたいので、「成長」して自分も「プロ」意識をもつことで自由が手に入ると思っています。

これがわたしの価値観トップ5です。「自由」を大切にするためには4つの価値観が不可欠であり、それらを手段として「自由」な状態をめざしているのです。

順位付けって難しそう……。どうやって順番を付けていけばいいのかな？

5つまで価値観を絞り込んだら、ひとまず1位の価値観を仮置きして自分なりの定義、エピソードを埋めてみてください。「じつはこうだったな」と書き出すことで気づきが生まれます。

順番の付け方は考えすぎるとよくわからなくなってしまうので、自分の体験を糸口に「5位に努力、4位に健康を置いてみたけど、健康があってこその努力だから入れ替えだな。4位が努力だとすると……」とつなげてみましょう。1位の価値観のために

2～5位があるので、エピソードを元に、ストーリー仕立てに「5位の価値観がないと4位の価値観にいかないな」と下から上に行く方法で考えて、受講生はうまくまとめています。

順位付けに困ったときには、以下の問いも参考にしてみてください。

- **この価値観が他の価値観よりも優先される理由は何か？**
- **この価値観を実現できていないと、どんな気持ちになるか？**
- **この価値観が満たされることで、人生にどんな影響があるか？**

ここからあなたの価値観トップ5を確認し、現在の生活とどれだけ一致しているかを見ていきます。ギャップがあればそれを埋めるために取るべき行動を考えます。この過程を通じて、仕事において何を達成したいのか、どのようなインパクトを与えたいのかが明確になります。

STEP4

価値観に従った生活を送れているかを確認するために、以下の質問に答えてみましょう。

Q1 今の仕事や生活で、自分が最も大切にしている価値観（例: 自由、成長、貢献）はどのくらい満たされていますか？

Q2 どの価値観が最も満たされていないと感じますか？
その理由は何ですか？

Q3 価値観と一致している部分はどこでしょうか？
具体的な出来事や状況は？

Q4 満たされていない価値観に関して、何が障害となっていますか？

Q5 そのギャップを埋めるために、自分の行動や生活にどんな変化が必要ですか？

Q6 その変化が実現した時、自分の生活はどのように変わると思いますか？

最後に価値観トップ5をベースに「仕事の目的」を考えます。
仕事でモヤモヤしたり、悩んでしまったり、続かないのは自分の価値観に沿っていないことをしているからです。キャリア形成には仕事が自分の価値観につながっていなければなりません。

以下の質問も参考にしてみてください。

1）自分の大切にしている価値観が職場や仕事のなかでどう実現されるべきですか？

2）自分の価値観に基づいた働き方や役割が、他者や社会にどのように貢献できますか？

3）自分の価値観が満たされたとき、仕事を通じて何を感じたいですか？（達成感、充実感、成長など）

次章でやりたいことを明確にしていきますが、そのときにキャリアとやりたいことをつなげるために、ここで明確にした仕事の目的を活用します。

STEP5

「仕事の目的」をまとめていきます。ここには必ずしも価値観の1位がくるわけではないので注意してください。

わたしの価値観と仕事の目的

わたしの仕事の根本的な目的は、＿＿＿＿＿＿＿＿＿＿
（価値観）に基づいて、＿＿＿＿＿＿＿＿＿＿＿＿＿＿
＿＿＿＿＿＿＿＿＿＿＿＿＿＿＿＿＿＿＿＿＿＿＿＿
（達成したいこと）を実現することです

例）わたしの仕事の根本的な目的は、「希望」（価値観）に基づいて、教員が自分の可能性に気づき、新しいキャリアを切り拓く支援をすることです。

たとえば、わたしは「人々が未来に希望をもって過ごせるように希望を照らすこと」を仕事の目的にしています。先生方がキャリアを考えるときに希望をもって未来に進んでほしいという思いで関わっていますし、その決断にはつねに喜びを感じています。ですから、わたしの仕事の目的は「希望」に関連しています。これは価値観の５位にきているもので、たまたま５位だっただけです。

もし「自分も人も成長している姿を見たいから」になれば「成長」に関連した仕事の目的になりますし、「自分もみんなも自由を手に入れて豊かな人生を送ってもらうため」なら「自由」の価値観に支えられた仕事の目的ということになります。

わたしの場合、「自由」はとても大事にしている価値観ですが、自分が自由になったり、みんなが自由に暮らせたりするために仕事をしているかというと感覚的に違いました。あるいは「自分がプロフェッショナルとして、またプロの人たちをとにかく増やしたい」という熱い思いがあれば「プロ」に関連した仕事の目的がきたでしょう。

色々考えて「わたしも自分の可能性を信じて希望をもっていきたいし、周りの人にも自分の可能性を信じてもらいたい。希望に満ち溢れた人生を送ってほしい」という思いがとても強いことに気づきました。

５つの価値観はすべてあなたにとって大事なものです。そのなかで自分がいちばんしっくりくる言葉を使いながら、周りへの影響も考えて「仕事の目的」を書いてみてください。１位の価値観が元になっていなければいけないわけではありません。

これはほんとうに大事な作業なので、自分なりに納得のいく言葉を見つけてほしいと思います。

受講生の声

「仕事の目的」を言語化するまですごく時間がかかりました。そうした目的で働ける自分にはなりたいけど、実際に腑に落ちる言葉にするのは大変難しかったです。相談できる相手がいるなら、対話しながら「なぜそう思うの？」と答えを深掘りしてもらえると役立つと思います。

ここで、仕事や人生の満足度を上げるために、「自分に必要なことを知るワーク」をLINE登録をしていただいた方へ無料でご提供します。理想の自分に近づくために、今からできることが見えてくるワークになっています。ぜひご活用ください。

得意なこと・人から褒められること

前項では価値観を明らかにすることによって、自分の大切にしたいことが決まりました。それを大事にしていこうとがんばっていてもいずれ苦しくなってきます。得意なことではないからです。

努力は必要ですが、がんばりだけでは続きません。自分の価値観を知ったうえで、得意なこと、自然にできることを見つけていきましょう。「得意なこと」が「ほんとうにやりたいこと」を見つける２つ目の要素です。

ここでは**「得意」を「自然にできること」と定義します**。がんばっていないのになぜか成果が出てしまう、やっていて心地がいい、夢中になりやすい、自分らしさを感じる、無意識に続けられるものです。得意なこと、才能は当たり前にできていることの中にあります。

もちろん、作業をすれば疲れます。しかし、疲労感はそこまでない。仕事だけではなくて、プライベートでもやってしまっている。「どうしてこんな簡単なことができないの？」と他人に自然と感じてしまうようなことです。

ある先生は何かをまとめる事務作業が好きで、仕事ではないことでも、夢中になって、気がついたら一日中やっていることもあるそうです。たとえば、オンラインセミナーで学んだことや読んだ本の要点をノートやスライドにまとめています。これをがんばってやっている感覚はないと話していました。

仕事のなかでも「とにかくがんばってやるしかない」と苦手意識を感じるものがあると思います。自分らしくないものだと心地よくないし、疲労感も強くなります。苦手を感じることが「自分は何が自然にできるかな？」と考えるきっかけになります。

よくあるのは、**得意なこととスキルを混同してしまうこと**です。得意なことは才能とも言い換えられます。生まれもって自分の中にあるものなので、一生の武器として活用できます。いつでも使える状態になっているものです。たとえば、複数人で話しているとき輪に入れていない人に気づくことや、調べた情報をいつも整理してまとめているなど、特別に学んだわけではないのにうまくできてしまうものです。

一方でスキルとは、学んでできるようになったことです。これは後天的にがんばって身につけたものなので、知識とも言えます。才能は生涯使えると言いましたが、スキルや知識は時間の経過と共に陳腐化するので変わっていきます。

たとえば、わたしの英語力やコーチングはスキルです。元々英語が好きでしたが、学生時代はもちろんのこと、教員になってからも学習を続けていました。コーチングでの質問や傾聴の仕方も学んでできるようになりました。

スキルも知識も大事で、学んでいく必要があるものはあります。ただ、そればかりを考えると苦しくなっていきます。得意なことから離れて、とにかくスキルを身につけることで強みをつくろうとすると、最初はがんばれても途中で挫折してしまいがちです。

第２章で「自信がもてそうなスキル」(76ページ）を３つまとめてもらいました。わたしは「朝４時起きで自分の英語の勉強」を１番目に挙げています。早起きは習慣なのでほかの人に比べたら苦労しないと思いますが、あとから身につけたものです。英語もがんばって勉強していました。だから、得意なことには当てはまりません。

一方で３番目の「先を見通せる」はかなり得意なことです。反対に言うと、先を見通せないと動けないところもあるので、才能になると思います。

STEP1

得意なことは自然にできているので、自分では気づきにくいです。そこで次の５つの質問に答えてみましょう。

Q1 小さいころから得意だったこと、昔得意だったことはなんですか？　具体的なエピソードを小学生のころを思い出して書いてください。

回答例：いつも同じメンバーといるより、色々な仲間とその時々で付き合ってきた小さいころから得意だったことを問うことで、あなたの才能や能力、性格や特性、成長と発展に関する洞察を得ることができます。たとえば、スポーツや芸術、学業など特定の分野で優れていた場合、その分野における才能や能力をもっている可能性があります。

また、コミュニケーション能力やリーダーシップ、創造性などの特性を発揮していた場合、社交的でチャレンジャーな性格をもっている可能性があります。

わたしの場合、小学校高学年から社交性を発揮し始め、タイプが違うような子ともいろんな友だちとして仲良くなっていきました。

Q2 あなたの周りの人は、あなたに対してどんな長所を感じていますか？　周りの人に聞いてみてください。

回答例：「話していると、自分もできそうな気がしてくる」「周りを明るくする」

周りの人がどんな長所を感じているかを聞くことで、他者との関係性や他者からの評価の受容、自己認識の深化に関する洞察を得ることができます。

たとえば、周りの人に対して親切で思いやりがあると評価された場合、あなたは他者との関係性を大切にし、支援や協力を提供することを重視している可能性があります。

わたしも実際に周りの人たちに自分の長所を聞いてみました。そこで多くの方に言われたのは、「新川さんと話していると、なんだか自分もできそうな気がしてくる」ということです。無意識に接するなかで、そういった長所があるのだと気づいた機会になりました。

Q3 意識しなくてもうまくできることはなんですか？ 具体的に教えてください。

回答例：初対面の人とも仲良くできること。大きな目標に対して、スモールステップで淡々と進められること

「意識しなくてもうまくできること」を問うことで、自然な才能や能力、無意識の行動や習慣、自己認識の深化に関する洞察を得ることができます。たとえば、リーダーシップの分野で意識せずにうまくできる場合、その分野で才能や能力があるのかもしれません。

人間関係構築や組織内での協調や調整を意識せずにうまくできる場合、コミュニケーションスキルや対人関係能力があるかもしれません。

わたしの場合、大きな目標に対して、スモールステップで淡々と進められることがあります。そのため、自分のマネジメント能力が高いと認識しています。

Q4 これまで周りの人から「ありがとう」と感謝されたことはなんですか？　具体的に教えてください。

回答例：仲間や友だちを元気づけたり励ましたりしたとき。よいものを広めようと人に紹介したり、人と人とをつなげたりしたとき感謝された具体的な事例を問うことで、協調性、共感、思いやりの表現、リーダーシップの発揮においてどのような長所をもっているかを知ることができます。

他者の困難や問題解決を支援した場合、協力性やサポートの提供に長けている可能性があります。リーダーシップを発揮し、他者を励まし、指導した結果として感謝された場合、リーダーシップや影響力の発揮に長けている可能性があります。

他者の感情や状況に共感し、適切な支援や助言を提供した結果として感謝された場合、共感性や思いやりの表現に長けている可能性があります。

Q5 ほかの人よりも早く、もしくはうまくできるように思えるものはなんですか？

回答例：思いを言葉にすること

特定の能力や技能、自己効力感、自信に関する洞察を得ることができます。言語学習や計算能力、スポーツ、音楽、美術などの分野で他者よりも早く学習し、成果を出すことができるのか。あるいは特定のタスクやプロジェクトで優れた成果を出し、自信をもって取り組むことができるのか。前者は能力、後者は自己効力感や自信につながるものです。

わたしはインスタグラムの発信などで思いを語る投稿の作成は時間をかけずにできます。

この質問はとくに周りの人に聞いてみることをおすすめします。聞ける人がいない場合にはエニアグラムなどの診断ツールを使うのもいいでしょう。

回答はなるべく具体的に書いてください。回答が詳しいほど長所が見えやすく、書きやすくなります。たとえば、わたしは飛行機で隣の席の人とすぐに仲良く打ち解けます。海外に住む友人に会いに行ったとき、道中のフライトで隣に座っていたオーストラリア人と英語でずっと話していました。その方はシンガポール在住だったので「もしシンガポールに来たら遊びにおいで」と連絡先を交換するくらい仲良くなりました。

この話を友人にしたときの「すごい！」という反応から「わたしってコミュニケーションを取ることが得意なんだ」と実感しました。自分では気づいていなかったことです。

あるいは、ほかの人よりもうまくできるように思えるものに「フラダンス」を思いついたとします。これはスキルです。ただ、フラダンスをしている自分を想像して、どう長所につながるか想像していきます。具体的なエピソードから、「それをしている自分の状態」が長所を見つける大事なポイントです。

フラダンス自体の良さは癒される、ゆるやかなどたくさん挙げられると思いますが、ダンスをしているときの自分は笑顔になっているとしたら、「笑顔」が長所と考えられるかもしれません。あるいは、周りと息を合わせているなら「一体感をつくること」ができるのかもしれませんし、こういう発表会をしようと提案する側なら「みんなの思い出になるようなことを提案できる」が長所です。自分は参加するだけの立場なら「協調性がある」になります。

このように得意なことや「ありがとう」と感謝されることをしている自分を想像することで、長所は見えてくるはずです。

STEP2

5つの質問それぞれに具体的な回答をしたら、「どんな点で頼りにされているか」や「どんな場面で感謝されているか」という視点で自分なりに長所を書いてみましょう。他者にどう貢献できるか、周囲の人々にどのような価値を提供できるかに焦点を当てるのがポイントです。できるだけたくさん挙げてください。

長所まとめ

他者に「どんな点で頼りにされているか」「どんな場面で感謝されているか」「どう貢献できるか」「どのような価値を提供できるか」という視点

記入例：誰に対しても誠実である、他人の喜びや成長・変化を自分のことのように感じられる、計画や見通しをもつことが得意、責任感がある、いつでも謙虚な姿勢で成長しよう・学ぼうという気持ちをもっている、相手の思いを尊重して受容的に聴くことができる、自分の思いを言葉にして伝えることが得意

長所をまとめるって難しそう……。

たとえば、STEP1のQ1で「協調性があると、小学生のころから言われてきたな」という回答が挙がったとします。STEP2では「他人から見てなぜそう思われたのか？」を考えます。反対意見を言わなかったのかもしれないし、その場の雰囲気に合った相づちを見て、そう言ってくれたのかもしれません。自分なりに分析して「あまり怒らない性格だから」だという理由が挙がったら、「穏やか」「肯定的」などが他人から見たときの長所として見えてきます。

もちろん、自分としても「穏やかで肯定的でありたい」と思って、そうしている面があると思います。

ここでもう一歩踏み込んで「穏やかな自分だと他人にどんなメリットがあるのか？」と質問を重ねてみます。すると、「他人に対して肯定的でイラっとさせない穏やかな環境をつくれる」と、まとめていけるのです。

一つひとつ書き出していくと、自分にはたくさんの長所があることに気づくでしょう。「自分ってこんなことが自然にできたんだ」「これが自分の才能なんだ」と発見を楽しみながら取り組んでみてください。

さて、ここまで長所を抽出しました。しかし、長所が単純に得意なことになるわけではありません。長所と短所は表裏一体で見方によって変わります。たとえば、受講生Kさんの場合は「情報を集める」という長所を見出せました。そこから「自分や周りを納得させる確かな情報を集められる」という長所をまとめました。

これは裏を返すと「集めた情報や物を使いきれない。集めたことに満足してしまって、集めたことすら忘れる」という短所につながります。ですから、長所と短所の両方があって、これらを包括して得意なことが存在しているということになります。このため、長所を考えたら、次に短所も明確にします。

よく「短所を克服しよう」とか「長所だけを見て伸ばそう」と言われます。じつは両方ともうまくいきません。

短所は克服しなくていいです。長所を伸ばせばいいです。しかし、短所をまったく無視してしまうのはよくありません。ちゃんと短所を見ながら、長所を伸ばしていくのです。短所をただ直そうとするのではなく、その短所を強みに変える視点をもつことが効果的です。短所を改善するためにエネルギーを注ぐよりも、それを補完する長所を伸ばすことに注力するほうが良い場合があります。

STEP3

短所を明確化し強みへと転換していくために、自分の短所だと感じる点・嫌な点・変えたい点を挙げます。そのうえで、それが自分にどのような影響を与えているか、またその対処法（短所を補うためにどの長所を活かせるか？短所を強みに変えるために、どのような行動を取るべきか？）を考えます。

STEP3. 短所の明確化と強みへの転換

	自分の短所だと感じる点・嫌な点・変えたい点	自分にどのような影響を与えているか？	対処法 短所を補うためにどの長所を活かせるか？　短所を強みに変えるためにどのような行動を取るべきか？
例	集めた情報や物を使いきれない。集めたことに満足してしまって、集めたことすら忘れる	時間やエネルギーをかけて情報を収集しても、それが有効に活用されなければ成果につながらないため、生産性が低下する	物に関しては、そもそも買う前にちゃんと考える。何かを買うときには何かを捨てる。情報に関しては、あとでまとめてやるとできないので、情報をダウンロードしたときにすぐ整理する。先を見通すこと、効率を考えるのは得意なので、使えそうなフォルダを想定して先につくっておいて、そこにデータを入れていく
例	自分で工夫ができない仕事、やり方まで決まっていてその通りにしかできない仕事にはやる気が出ない	創意工夫を発揮する機会が少なく、結果としてモチベーションが下がる。やる気が出ないと、仕事の質やスピードが低下し、期待された成果を上げられなくなる	そういう仕事がやらない、人に任せる。適任者を探して、渡していく。「自分にしかできない仕事は何か？」を考えて選択していく
1			

	自分の短所だと感じる点・嫌な点・変えたい点	自分にどのような影響を与えているか？	対処法 短所を補うためにどの長所を活かせるか？　短所を強みに変えるためにどのような行動を取るべきか？
2			
3			

たとえば、「集めた情報や物を使いきれない。集めたことに満足してしまって、集めたことすら忘れる」という短所を長所でカバーできないかを考えます。この短所がもたらす影響は「時間やエネルギーをかけて情報を収集しても、それが有効に活用されなければ成果につながらないため、生産性が低下する」ことです。ここまでで「計画や見通しをもつことが得意」という長所が明確になっているので（123ページ）、物に関しては買う前に考える。

何かを買うときには何かを捨てる。情報に関しては、ダウンロードしたときにすぐ整理する、使えそうなフォルダを想定して先につくっておいて、そこにデータを入れていくというアイデアが浮かびました。

ほかにも社交的でないことが短所として挙げられた場合、その人は内向的であり、集中力や独自の視点をもっている可能性があります。あるいは、時間管理が苦手なことが短所として挙げられた場合、柔軟性があり、クリエイティブな解決策を見つける能力があるかもしれません。長所を活かすとは短所に対処するだけでなく、より効果的な成長と発展へとつながっていくのです。

もし長所へ変換する方法が思い浮かばなかったら、システムで解決を図ります。SlackやChatworkでプロジェクトごとにスレッドを立てたり、短所を補完してくれるシステムを検討します。

もしシステムもなかったら、誰かに任せられないかを検討します。自分の短所は誰かの長所です。整理を淡々とするのが得意な人に任せるとか、責任者を探して権限委譲します。「短所を補うために、他者の協力を得られるか？」「得意分野に集中するために、委任できるタスクはないか？」とくに仕事では、短所を補うために他者と協力したり、得意な人に任せることが重要です。

短所にうまく対処することで新たなスキルや洞察を身につける契機になったり、自己成長の機会が増えます。さらに、自己理解が深まり、より効果的なアクションプランを立てることにもつながります。得意なことを発揮するとは、短所を見ながら長所を伸ばず、バランスの取れた成長をすることなのです。

ここで強み弱みを掘り下げるためのワークシートをＬＩＮＥ登録していただいた方へ無料でご提供します。これは自分だけでは見つからない長所や短所を人に聞くことで発見するものです。ぜひご活用ください。

興味があることを明確にする

「ほんとうにやりたいこと」を明確にするための最後の要素が「興味があること」を明確にすることです。キャリアを築くうえで、自分の興味をプロフェッショナルに磨き上げていく必要があります。ここではたんに興味を明確にするのではなく、その道のプロになることを念頭に掘り下げていきます。

好きなこと、興味のあることという表現は、日常的に使われます。わたしの場合は「コーチング、英語、自分を知る、内面磨き、目標設定、ビジネス、教育」が好きなことや興味があることです。「なんでこうなんだろう？」「どうすればもっとよくなるだろう？」と自然に調べたり、工夫したりするものは興味があるものです。

先生方からよく聞くのは「昔は好きだったんだけど、今は疲れすぎていて、興味があるものなんてないし、趣味もない」という声です。しかし、教育には興味関心があるはずです。「でも教育の本も読んでないし……。興味があるなんておこがましい」なんて一切考えなくていいのです。

興味の知識を他人と比較する必要はまったくありません。これからワークをおこないますが、とにかく自分にとって興味があったり、好きだったりするものをたくさん出してほしいです。「好きだな。興味があるな」という感覚だけで素直に書き出してください。

たとえば、小学生のころ、友だちに流行っている漫画を薦められて1巻借りて読んでみたら、ハマってしまって、その作品のアニメや映画も見るようになったり、グッズやゲームまで買ったりしてしまったという経験がある人は結構いると思います。続けることで興味は育っていきます。最初は興味がなくてもどんどん好きになってしまった経験は誰にでもあるものです。もし今なくてもこれから出てくるでしょう。

「仕事になりそう」「役に立ちそう」という視点を一旦外して、興味や好きを考えてみてください。「知り合いの○○さんのほうが詳しいし、全然好きとは言えないな」と思うこともあるかもしれません。自分の興味よりも上回っている人がいても気にしないでください。

STEP1

自分の興味に気づくワークについて説明します。STEP1で質問に答えて、STEP2で分野をまとめて、検証するという流れになります。まず次の5つの質問に答えます。回答は1つ以上であればかまいません。

Q1 やりたいけれど、まだやっていないことはなんですか？

①答え	②やってみたい理由は何ですか？（例：楽しそう、スキルを伸ばしたい、挑戦的だから）	③もしそれを実行した場合、どんな感情や成果を期待しますか？
【記入例】 ・海外でビジネスをすること、長期留学	【記入例】 ・日本だけでなく、海外で広い視野でビジネスに挑戦してみたい ・学び続けたいし、英語力もつけたい	【記入例】 ・ビジネスの飛躍 ・留学経験 ・海外進出 ・学び

新たな趣味・アクティビティへの興味、学びたい分野・スキルへの関心、挑戦したい目標・プロジェクトへの意欲に関する洞察を得ることができます。料理、写真、ガーデニング、音楽、スポーツ、新しい言語の学習、プログラミング、デザイン、マーケティング、経済学、新しいビジネスの立ち上げ、海外旅行、ボランティア活動、自己啓発プログラムなどです。

わたしの場合は、「海外でビジネスをする」と「長期留学」です。日本だけでなく、海外で広い視野でビジネスに挑戦したみたい気持ちが大きいです。また、英語力ももっと上げて、英語「で」何かを学びたいという意欲もあります。それを実行した場合、ビジネスの飛躍や海外経験、学びがさらに深まります。

Q2 もしお金の心配がなく、どんなことでも仕事にできるとしたら何を仕事にしてみたいですか？　「できるできない」という判断を一旦抑えて答えてください。

①答え	②それを選んだ理由は何ですか？　どんな点がとくに魅力的ですか？	③それがもつ「楽しい側面」や「挑戦的な側面」は何だと思いますか？
【記入例】 ・何かを表現する	【記入例】 ・言葉ももちろんすごいけど、表情、体、芸術、ダンス、服装、メイクなどで「思い」や「考え」、言葉にできないものを表現している人がかっこいい	【記入例】 ・創造・インスピレーション ・表現 ・他者に影響 ・発見

あなたの趣味や関心、価値観や志向性、自己実現や成長の欲求に関する洞察を得ることができます。たとえば、音楽、アート、スポーツ、自然、科学、コミュニティサービス、社会貢献活動、環境保護、教育、技術革新、人間関係の構築など、さまざまな分野に対する興味が考えられます。

わたしの場合、「何かを表現する人」とは芸術やダンスなど、自分はできないけれど感化されるもの、プロフェッショナルさを感じるところ、言葉ではない芸術で表現する「思い」に興味があります。それがもつ「楽しい側面」や「挑戦的な側面」は、「創造」「インスピレーション」「表現」「他者に影響を与えられること」「発見」です。

Q3 小学生のころに夢中になっていた遊びは？　誰かに言われなくても勝手にやっていたことは純粋に好きなことです。

①答え	②その遊びのどんな部分が好きでしたか？	③当時の興味が、今の自分の趣味や仕事にどんな影響を与えていると感じますか？
【記入例】 ・絵を描くこと（模写）	【記入例】 ・風景画など、よりリアルに表現できたときに嬉しかった ・0→1で生み出すより、模写してより近く、うまく描くのに、達成感があった	【記入例】 ・モデリング ・表現 ・達成感

子ども時代の興味や関心、その持続に関する洞察を得ることができます。野球、サッカー、将棋、読書、手芸、絵画など、さまざまな遊びが考えられます。また、長期間同じ遊びに没頭していた場合、その遊びに対する継続的な興味や関心がうかがえます。

わたしは絵を描くことが好きでした。風景画からイラストまで時間を忘れて描いていましたし、うまくなりたいと思ってがんばっていた時期もありました。とくに自分でデザインを考えて描くよりも、模写をしてうまく描けたときや、風景画がよりリアルに近づいたときに達成感がありました。その当時の興味は、今も「モデリング」「表現」「達成感」などに影響を与えています。

Q4 自分が達成感を感じる活動や課題はなんですか？

①答え	②その活動や課題で最も達成感を感じたのはどんな瞬間ですか？	③なぜその活動がとくに充実感をもたらしたと思いますか？
【記入例】 ・プロジェクトが終わったとき	【記入例】 ・とくに計画を立てながら、コツコツを進めてゴールに辿り着いたときにとても達成感がある	【記入例】 ・計画通りにいったこと ・コツコツ前進している感じ ・見通しをもつ

興味をもっている活動と課題だけでなく、自己成長や充実感を感じることができる分野が明らかになります。新しいスキルの習得、難しい問題の解決、目標の達成といった挑戦的な活動、他者の支援、助け、プロジェクトの成功、社会的な課題への取り組みなど貢献的な活動が考えられます。

わたしは何かを構築したり考えているものを形にしていたりするときに達成感を感じやすいです。構築するものやプロジェクトの大小よりも、そこまでの計画を立て、計画通りに着実に進んでゴールに辿り着いたときに、達成感があります。「計画通りにいったこと」「コツコツ前進している感じ」「見通しをもつ」という部分で、充実感をもたらします。

Q5 何か新しいことに挑戦するとき、どのような活動がワクワクするか教えてください。

①答え	②その活動のどの部分にワクワクしますか？	③その活動に挑戦することで、どんな自分に変わることを期待していますか？
【記入例】 ・海外と関わること	【記入例】 ・英語を使って海外の方と関わっていると、喜びを感じること ・広い視野がもてるところ ・日本の外に出ている感覚があること	【記入例】 ・どんな環境や相手にも物怖じしない ・英語を使って、どんな人ともコミュニケーションがとれる ・視野を広げる

自分が興味をもっている新しい挑戦や活動のタイプが明らかになります。新しいプロジェクトの立ち上げ、アート・デザインの制作、新しいスキル・知識の習得、専門分野の研究、新しい言語の学習、新しいスポーツ・アクティビティの挑戦、大規模なイベントやイノベーションの実現、社会的な課題への取り組みなど多岐にわたります。

わたしは「海外と関わること」に挑戦したいと思っています。英語を使うことで、関わる人が増えていくと新しい発見があります。自分の視野が広がっていく楽しみにワクワクするのだと思います。その活動に挑戦することで、「どんな環境や相手にも物怖じしない」「英語を使ってコミュニケーションがとれる」「視野を広げる」といった部分で、自分が変わることを期待しています。

自分の好きなことが仕事になるかどうかに気づくために大事なことは、まず純粋に興味があることを出しきることです。そのあとに仕事としてプロレベルにまで高めたいかを検証していきます。ここでは、思いつくものを制約なしにすべて挙げられるように取り組んでみてください。

思いつくかぎりの答えを挙げたら、次に似たようなものをまとめて、それを具体と抽象に分けて書いていきます。このときに「3つの判断基準」に従ってプロフェッショナルに磨き上げていきたいかを検討します。

STEP2

①5つの質問の答えから「小テーマ」と「大テーマ」に分けます。

まずは小テーマを特定していきます。次の問いを参考にしてみてください。

Q1　5つの質問に対して回答に繰り返し登場したキーワードや強く感じる共通点は何ですか？

回答例：繰り返し出てくるキーワードは「リラックス」「癒し」「学び」「成長」。「心身のリフレッシュ」と「新しい知識を身につける」というテーマが強調されている。これらは、内面と外面のバランスを保つために必要だと感じた。

Q2　すべての答えを振り返ったとき、共通して表れる感情や目的は何ですか？

回答例：共通して表れる感情は「安心感」と「達成感」。自分の内面を落ち着かせながら、同時に成長や進歩を実感することが目的のようだ

Q3　これらの活動のなかで、共通してやりたいことや求めている結果は何ですか？

回答例：「リフレッシュ」と「自己成長」。リラックスする時間をもちながらも、新しいことを学び続け、成長し続けることが目指すべきゴールのようだ

Q4　どの回答にも共通して感じる魅力や価値は何ですか？

回答例：共通して感じる魅力は「内面的な充実感」と「自己発展」。これらの活動は、心身のバランスを保ちながら、自分の可能性を広げていく点で価値を感じる

②次に小テーマを大テーマとしてまとめていきます。大きなテーマと特定していくために、次の問いも参考にしてみてください。

Q1　小テーマのなかで、最も自分にとって重要だと感じる要素は何ですか？

回答例：「リラックス」と「自己成長」。とくに心身を整える「ヨガ」「音楽」、新しい知識を学ぶ「言葉」「表現」は欠かせない要素

Q2　小テーマをひとつの大きなテーマにまとめるとしたら、どのような言葉やコンセプトが適切ですか？

回答例：「内面的な充実と成長」という言葉が出てくる。心身をリラックスさせながら、新しいスキルや知識を吸収し、自己成長をめざすことが中心になりそう。「自己成長」はキーワード

Q3　小テーマを統合して考えたときに、最も強く引きつけられるのはどんな方向性ですか？

回答例：「心身のバランスを保ちながら、個人として成長し続けるライフスタイルの確立」。リラックスと学びを通じて、自己を高めることが重要

Q4　これらのテーマを深めていくことで、いちばん成長できるのはどんな分野ですか？

回答例：「心と体の健康と成長」という分野。心身を整える活動や自己成長を促進する学びを通じて、より充実した人生を送るためのスキルを高めることが、自分にとって成長できる領域だと感じる

たとえば、小テーマのワードとして「留学」「言葉」「表現」「計画」「視野を広げる」が出てきたとします。これを大テーマにすると、「海外」とも表現できますし、「英語」「旅」とも表現できます。回答と照らし合わせながら、まとめていきましょう。

5つの質問に対する答えが具体的であればあるほど、自分が何に興味をもっているのか、好きなのかが明確になりやすくなります。

興味がある分野なので、やったことがなくてもあってもどちらでもかまいません。

海外へ行ったことがなくても、外国の歴史に興味があれば、小テーマに「英国の歴史」、大テーマに「海外進出」と書けるかもしれません。

STEP 3

興味を小テーマ、大テーマとして分類したら、興味のマトリックスを使って「仕事として追求するべきか、趣味として楽しむべきか」を明確にします。

「自分にとっての成長・発展（スキルやキャリアアップの機会)」と「他者や社会への影響度」という2軸で考えた場合、小テーマ、大テーマがどこに位置するかを考え、マトリックス上（Ⅰ～Ⅳ）に配置してください。振り分けられた興味を仕事として追求するものなのか、趣味として楽しむものなのかを判断します。

たとえば、小テーマの項目として「旅」が出てきたとします。興味があるし、もっと知ってみたいし、経験したいとも思う。でも、旅行ガイドとしてのキャリアアップを期待するわけでもなく、自己満足でいいと思ったら、Ⅳの「個人の趣味」に分けられます。

・縦軸：他者や社会への影響度

上に行くほど、その活動が他者や社会に対して大きな影響を与えるものです。下に行くほど、個人的な楽しみや自己満足のための活動に近づきます。

・横軸：自分にとっての成長・発展（スキルやキャリアアップの機会）

左に行くほど、その活動があなたのスキルや知識を高め、キャリアアップや自己成長に繋がる度合いが強くなります。右に行くほど、成長や発展というよりも、リラックスや楽しみを目的とした活動です。

Ⅰ.影響力のある自己成長を促す仕事（理想的なキャリア）

自己成長が期待でき、且つ他者や社会に対しても影響を与えられるものが入ります。この象限に位置する興味は、理想的な仕事の手段となり、長期的に持続可能で、仕事として追求する価値が高いものです。

II.自己成長に焦点を当てた仕事

おもにあなたのスキルや専門性を高めるための興味が入ります。他者や社会への影響は少ないかもしれませんが、自分の成長やキャリアアップが期待できます。個人の成長に集中し、将来的に仕事になる可能性があります。

III.社会貢献としての趣味や副業

他者や社会に対して大きな影響を与えるが、自分自身の成長や発展にはあまりつながらない興味が入ります。仕事というよりも副業や趣味として続けるのに適しており、社会的意義が強いものです。

IV.個人の趣味

成長も他者への影響も少ない、純粋に個人の楽しみとしておこなうものが入ります。ここに入る興味は、リラックスや気晴らしのために楽しむべき趣味であり、仕事として追求することはあまり適していません。

興味のマトリックスワーク

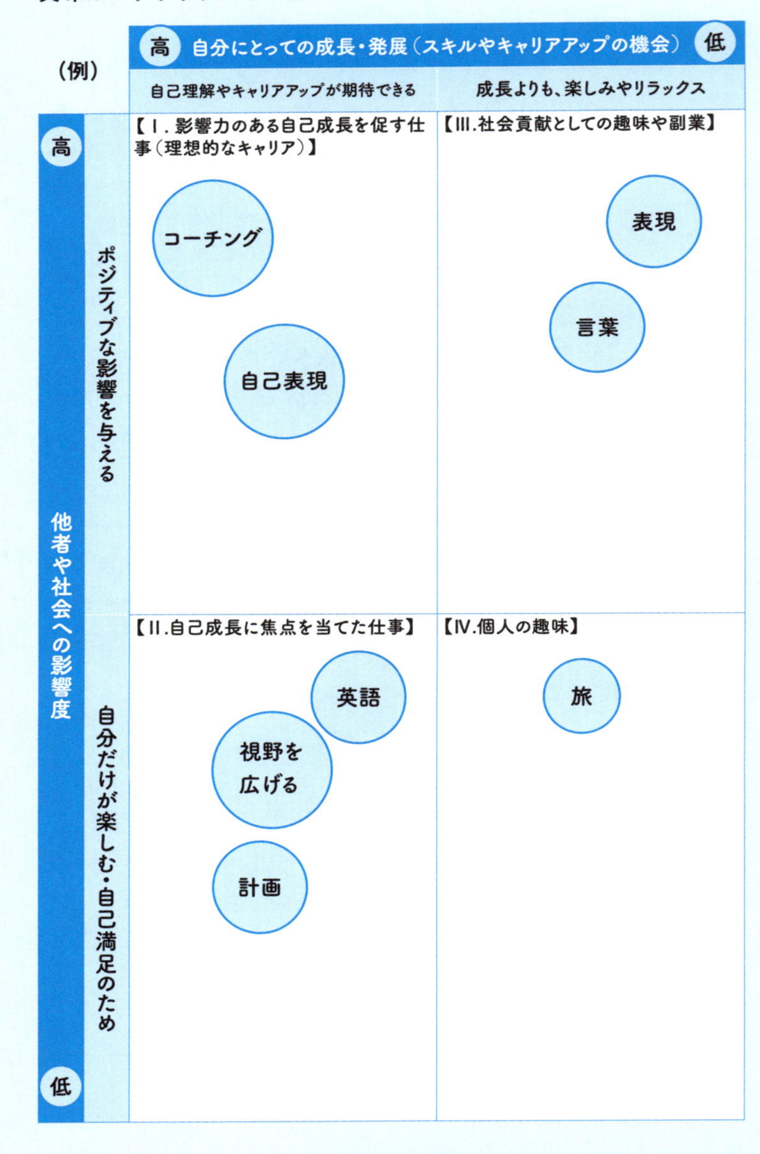

高 自分にとっての成長・発展（スキルやキャリアアップの機会）低

他者や社会への影響度（高→低）		自己理解やキャリアアップが期待できる	成長よりも、楽しみやリラックス
高	ポジティブな影響を与える	【I.影響力のある自己成長を促す仕事（理想的なキャリア）】	【III.社会貢献としての趣味や副業】
低	自分だけが楽しむ・自己満足のため	【II.自己成長に焦点を当てた仕事】	【IV.個人の趣味】

そして、最後に価値観と関連させていきます。

左上象限「影響力のある自己成長を促す仕事（理想的なキャリア）」にカテゴライズされたプロフェッショナルにしたい興味に対して、価値観と一致しているかどうかを評価し、キャリア選択における優先度を明確にします。

STEP4

①価値観をリストアップする

まず、あなたが大切にしている価値観を再度確認します（104ページ）。

たとえば、受講生Kさんの価値観は、「自分らしさ」「承認」「成長」「人とのつながり」「誠実」でした。自分にとって重要な価値観をリストアップし、確認しましょう。

②プロフェッショナルにしたい興味のリストアップ

次に、自分が「プロフェッショナルにしたい」と考えている興味をリストアップします。

たとえば、受講生Kさんの場合、大テーマに「傾聴」があります。小テーマには、「相談にのる」「ちがう業界の人の話を聴く」「悩みや困っていることを聴く」があります。「影響力のある自己成長を促す仕事（理想的なキャリア）」の象限にある興味を書き出してください。

③価値観との一致度を評価する

あなたがリストアップした大テーマを、リスト化した価値観と比較し、どれだけ一致しているかを評価します。各価値観との一致度を10点満点でスコアリングしてください。

たとえば、「自分らしさ」という価値観に大テーマの興味が一致しているかを評価します。このとき、紐づいている小テーマも無視できません。大テーマをスコアリングするときは、小テーマの内容も参考にしながら、10点満点で「この興味は自分らしさを尊重できる」と感じた場合、高得点をつけます。

④合計点の算出

大テーマの興味が価値観に一致するかスコアリングをおこなったあと、合計点を算出します。

たとえば受講生Kさんの興味として小テーマ「相談にのる」「ちがう業界の人の話を聴く」「悩みや困っていることを聴く」それらをまとめた大テーマ「傾聴」が挙がりました。この大テーマに対して「自分らしさ」7点、「承認」8点、「成長」9点、「人とのつながり」10点、「誠実」9点というスコアが付けられました。合計は43点です。合計点数が高いものを優先度の高い「プロフェッショナルにしたい興味」として位置づけます。

⑤順位づけをおこなう

合計点に基づいて、リストアップした興味に上位1～3位の順位づけをしてください。

⑥結果の振り返り

スコアの高かった興味は、あなたの価値観を大切にしながら、影響力と自己成長を促す仕事だと考えられます。もしどの興味もスコアが低かった、価値観と一致していなかったとしても、一旦そのまま受け止めてください。次章で「長所」と「プロフェッショナルにしたい興味」を組み合わせて考えることで、キャリア形成となる新しい仕事を見出していきます。現在段階で無理に修正する必要はありません。

順位		1	3	2
1.【影響力のある自己成長を促す仕事（理想的なキャリア）】にある	小テーマ	・相談にのる ・ちがう業界の人の話を聴く ・悩みや困っていることを聴く	・その人のためになるだろうと思ったことを先に伝える、アドバイスする ・自分の知っていることやできることを教えたり、一緒に考えたりする	・みんなで何かを一緒にやる ・適任の役割を配置する ・チームや集団をつくる ・相手の成長
	大テーマ	・傾聴	・教えること	・人との関わり
価値観1 自分らしさ		7	10	9
価値観2 承認		8	6	7
価値観3 成長		9	8	8
価値観4 人とのつながり		10	9	10
価値観5 誠実		9	7	8
合計点		43	40	42

順位				
1.【影響力のある自己成長を促す仕事（理想的なキャリア）】にある	小テーマ			
	大テーマ			
	価値観1			
	価値観2			
	価値観3			
	価値観4			
	価値観5			
合計点				

【結果の振り返り】

スコアの高かった興味は、あなたの価値観を大切にしながら、影響力と自己成長を促す仕事だと考えられます。もしどの興味もスコアが低かった、価値観と一致していなかったとしても、一旦そのまま受け止めてください。次章で「長所」と「プロフェッショナルにしたい興味」を組み合わせて考えることで、キャリア形成となる新しい仕事を見出していきます。現在段階で無理に修正する必要はありません。

受講生の声

健康とリラックスが自分の中では近しい価値観だったので「長く落ち着いて過ごせる」というふうにひとまとめにしました。小テーマに「ヨガ」が入ってきて、インストラクターの資格を取るくらいのめり込んでいましたが、価値観と照らし合わせたときに、それは趣味でしかなかったと客観的に捉えることができました。

第4章

ほんとうにやりたいことを明確にする

ほんとうにやりたいことに気づく

ここまで「大切にしたいこと」「得意なこと」「プロフェッショナルにしたい自分の興味」を明らかにしてきました。それらを踏まえて、ほんとうにやりたいことを定めていきます。具体的には「長所」と「プロフェッショナルにしたい自分の興味」を掛け合わせていきます。

「長所」×「プロフェッショナルにしたい自分の興味」＝ほんとうにやりたいこと

になります。

STEP1

ノート「長所」(123 ページ)を一つひとつ書いていきます。次に「プロフェッショナルにしたい自分の興味」(147 ページ)をトップ 3 まで決めました。小テーマと大テーマをそれぞれ書き出します。

最後に長所とプロフェッショナルにしたい自分の興味を組み合わせていきます。10 個以上は考えたいです。

「プロフェッショナルにしたい自分の興味」はどれか1つだけを使ってもいいし、2つでも3つでもいいです。次ページの例で考えると「教えること」と「傾聴」を組み合わせてもいいし、「みんなで何かを一緒にやる」と「人との関わり」を掛け合わせてもいいです。あるいは「自分の知っていることやできることを教えたり、一緒に考えたりする」1つだけかもしれません。とにかく思いつくかぎりの組み合わせを考えます。

「長所」は1つを選んでください。たとえば、「他人の喜びや成長、変化を自分のことのように感じられる」に「ちがう業界の人の話を聴く」「傾聴」を掛け合わせたら、どんなことができそうか、やりたいことは何かを考えて「小学校と中学校の一貫教育に関するアドバイスや指導をする」が思い浮かびました。

あるいは「自分の思いを言葉にして伝えるのが得意」と「悩みや困っていることを聴く」の組み合わせに、「傾聴」を掛け合わせて、「企業と協力して教材開発をする」というアイデアが出てきました。

このような感じで**やりたいことを10個以上出してください。**どのような組み合わせ、掛け合わせでもかまいません。ここでの掛け合わせはどれを選んでもキャリアにつながります。長所は「他人に対して長所となるもの」、興味のあることは「プロとして高めたいもの」としてすでにまとめられているからです。

注意点は職業名ではなく、「やりたいこと」を書くことです。たとえば、「デジタル」「書く」と「穏やか」を組み合わせて「心理系記事のウェブライター」と書きたくなるかもしれませんが、

受講生 K さんの例

長所 × プロフェッショナルにし

(小テーマ)

長所

- 誰に対しても誠実である
- 他人の喜びや成長、変化を自分のことのように感じられる
- 計画や見通しをもつことが得意
- 責任感がある
- いつでも謙虚な姿勢で成長しよう、学ぼうという気持ちをもっている
- 相手の思いを尊重して、受容的に聴くことができる
- 自分の思いを言葉にして伝えることが得意

(小テーマ)

- その人のためになるだろうと思ったことを、先に伝える、アドバイスする
- 自分の知っていることやできることを教えたり、一緒に考えたりする
- 相談にのる
- ちがう業界の人の話を聴く
- その人が考えていることや思いを聴く
- 悩みや困っていることを聴く
- みんなで何かを一緒にやる
- 適任の役割を配置する
- チームや集団をつくる
- 相手の成長

自分の興味

（大テーマ）

- 教えること
- 傾聴
- 人との関わり

やりたいこと（仮）

やりたいこと	（○の数）
企業と協力して教材開発をする	⑩
教員を目指す学生たちの相談を聞いたり、アドバイスする	⑩
転職したいと思っている人の話を聴いて、他業種とつなぐ	⑩
小学校と中学校の一貫教育に関するアドバイスや指導をする	⑥
高校と中学校をつなぐ役割	②
部活動の地域移行への橋渡しをする	③
中学生の進路相談や保護者の育児に対する悩みを聴いてアドバイスする	③
組織作りのコーチング講座（中堅の人たちのための）	⑦
学校と企業をつないで新しいことをつくり出したい	⑨
小中学生へのキャリア教育、キャリア指導	⑩

職業名ではないものを書いてください。「心を整える、書くオンラインカウンセリング講座」というのはどうでしょうか。

ある先生は「ヨガ」「ハーブ」に「内省」を組み合わせて、「リラクゼーション音楽を流しながら、ハーブティーを飲んだり、時々ヨガもおこなったりして、自分と向き合う時間をつくるコミュニティづくり」を考えました。

自分のやりたいことと向き合う

STEP2

「やりたいこと」を10個以上書けたら、次の質問に答えてそれぞれに○がいくつ付くか考えましょう。

Q1　その活動にワクワク感や喜びを感じますか？

この質問は、やりたいことを見つけるうえで重要です。ワクワク感や喜びを感じる活動は、私たちの内在的なモチベーションを高め、長期的な継続につながります。やりたいことは、単なる義務や責任だけでなく、喜びや充実感をもたらすものであるべきです。

Q2　その目標が達成できたら、将来が明るくなりますか？

目標を達成することで自己成長や達成感を得ることができれば、将来に対する希望や楽観が生まれます。明るい未来への期待があることで、モチベーションを維持しやすくなります。

Q3　あなたの強みやスキルに合致していますか？

自分の強みやスキルに合致する活動を見つけることが成功への鍵です。自分の得意なことだから、自信をもって取り組むことができます。また、強みを活かすことで、より効率的に成果を上げられます。

Q4　あなたの大切にしたい価値観に合致していますか？

自分の大切にする価値観と一致する活動を見つけることは、意義深い人生を送るために重要です。自分の人生において何が重要かを理解し、それに基づいて行動することで、充実感や満足感を得ることができます。

Q5　「仕事の目的」を実現できますか？

この質問は、第３章「価値観ワークで大切なことを見つける」で明らかにした「仕事の目的」のことを指しています（111ページ）。自分の活動や目標が自己成長や社会貢献など、より大きな意味や目的につながっているかを確認するために重要です。仕事や活動が自分自身や社会にとって意味のあるものであれば、モチベーションを維持しやすくなります。

Q6 その活動にコミットすることができ、長期的な継続が可能ですか？

長期的な目標を達成するためには、コミットメントと継続的な努力が必要です。そのため、自分がほんとうにやりたいと思う活動に対して、長期的なコミットメントが可能かどうかを確認することは重要です。

Q7 その活動がほかの人にとってもよい影響を与えると信じていますか？

自分の活動がほかの人にとってもよい影響を与えると信じることは、自己満足感や幸福感を得るために重要です。他者に貢献することで、自己肯定感や社会的つながりを感じることができます。

Q8 その活動をすることで、自分自身が成長できると感じますか？

自己成長は、やりたいことを見つけるうえで重要な要素です。自分自身が成長し、スキルや能力を向上させることで、より充実した人生を送ることができます。

Q9 その目標を達成するために、行動を伴う努力をする覚悟がありますか？

目標を達成するためには、努力や犠牲が必要です。そのため、自分が目標を達成するために必要な努力をする覚悟があるかどうかを確認することは重要です。

Q10　その活動に周りの人たちとの協力や調和が得られると思いますか？

　自分の活動が周囲の人々と協力し、調和を保ちながら進めることができるかどうかを確認することは重要です。周囲の人々との良好な関係を築きながら、目標を達成することで、より充実した経験を得ることができます。

　各質問の◯の数を数えてみましょう。◯の数が10個になるものが「ほんとうにやりたいこと」になりますが、もしかしたら10個のものが複数あるかもしれません。

　このワークは自分一人ではなかなか難しい可能性があります。自分がやりたいことを具体的にするワークも用意したので、ご活用ください。以下の二次元コードからLINE登録していただいた方全員に「心からほんとうにやりたいこと」を見つけるための無料ワークシートをプレゼントします。

受講生Kさんの場合「転職したいと思っている人の話を聴いて、他業種とつなぐ」をやりたいことに挙げました。現段階では他業種とつなぐ方法はわかっていません。これから考えていくものです。

だから、「やり方がわからないな……。できるかな？」と思っても、Q9（その目標を達成するために、行動を伴う努力をする覚悟がありますか？）の答えが○であれば、心配ご無用です。

やりたいことを具体化する

STEP3

○をつけて絞り込んだやりたいことを具体的にまとめていきます。たとえば、「転職したいと思っている人の話を聴いて、他業種とつなぐ」を例とすると、「つなぐ」手段として、自分がどんな立ち位置で関わることができそうなのか、突っ込んで考えてもらえたらと思います。

わたしの「ほんとうにやりたいこと」は

です。

また、ここでできそうなことを書いてしまうのも犯しがちなミスです。**できるできないは置いておいて、やりたいことを考えてみてください。**なぜなら手段は後からついてくるからです。

やりたいこととして「未来交換日記」と書かれた先生がいました。なんとなく面白そうですが、どういうサービスかはまだ固まっていません。そこで興味のある分野に挙げていた「カウンセリング」はなんとなく使えそうです。

具体的な項目は「やりたいこと」にピッタリとハマらなくても、手段として使える場合もあるので、自分にできるかできないかでやりたいことを限定しないでください。

第5章

目標をつくる、行動計画を立てる

ゴール

ここまで長い時間をかけて「ほんとうにやりたいこと」を明確にしてきました。かなりの作業量だったと思います。ほんとうにお疲れ様でした。

しかし、安心するのはまだ早いです。具体的に実現していくための目標を設定しなければ形になりません。本章では理想のキャリア実現へ向けた行動指標を作成していきます。

「ミッション」「ビジョン」という言葉をご存じだと思います。ミッションは、より具体的で特定の活動や仕事の指針となるもの、ビジョンは、将来の理想的な状態、人生の目標を表します。イメージとしてはビジョンが大きめで、その手前にミッションがあるという感じです。厳密には違いがありますが、ここでは両方の意味が内包された言葉として**「自分のめざすところ（ゴール）」**と表現します。とにかく、どこへ向かっているのかを明確にします。

私たちは大きくも小さくも毎日いろんなことを選んでいます。ゴールがあることによって、日々の選択や努力に指針が示されます。どこへ向かうのかがわかったら、そのために何をしていけばいいのかも自ずと明らかになります。それを実行するための時間を取るようになります。

私たちは日々のタスクに追われて、目の前のことをただこなしているだけになりがちです。ゴールが見えていると、それを実現するための最優先事項に時間を割けるようにもなっていくのです。ゴールを明確にするとは、「何をもって人生の成功というか」を自分なりに定義することです。

STEP1

次の6つの質問に答えて、人生のゴールを明確にしましょう。

Q1. 何を大切にしたいですか？（貢献、功績、ミッション、ビジョン）

Q2. お金も時間も自分の意のままになるとしたら、何をしますか？

Q3. あなたは何をもって「幸せ」としますか？

Q4. 関わった人たちに、どんな状態になってほしいですか？

Q5. あなたのお葬式を想像してみてください。これまで関わってきた人はあなたについてどんなふうに話してくれていたら嬉しいですか？

Q6. 世の中に対して「もっとこうなればいいのに」と感じることはありますか？

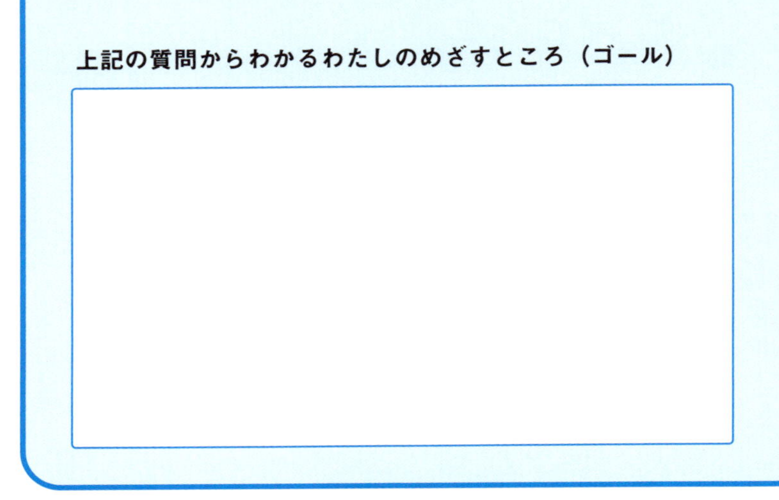

これらの回答から自分のつくりたい世界が明らかになります。ある先生は「相手の立場に立った言動のできる世界をつくりたい」と書いてくれました。きれいな文章にならなくてもいいので、どういう人生目標を設定するのか、どういう世界をつくりたいのか、思いを込めてゴールを書きましょう。

ゴールは手帳や壁など見えるところに書いて貼っておく、スマートフォンの待ち受け画面にするなど工夫して**つねに見返してほしいです。**人間は忘れる生き物です。

ほんとうは毎日声に出して読むのがいちばんいいのですが、少なくとも月に1回はゴールを見ながら、めざすところに近づいているかゆっくり見直してみてください。

すると、違和感が出てきます。最初から完璧なゴールはつくれません。何度も何度も見返すなかで、しっくりくる言葉が見つかってきます。

実現手段

ゴールを決めたら、第４章で見つけた「ほんとうにやりたいこと」（159 ページ）を改めて確認しましょう。

STEP2

実現手段候補：

実現したいことを達成するために考えられるすべての手段を書き出します。大きなものでも小さなものでも、現時点での候補をすべて挙げてください。

必要な時間・リソース：

その手段を実行するために必要な時間やリソース（資金、サポート、設備など）を書き出します。

実行のしやすさ（1-10）：

その手段が現実的にどれだけ実行しやすいかを１～ 10 点で評価します。低い点は難易度が高い、10 点はすぐに実行できるものです。

緊急度（1-10）：

その手段をどのくらい急いで取り組む必要があるかを１～ 10 点で評価します。緊急性が高いほどスコアが高くなります。

重要性・影響力（1-10）：

その手段が、ゴール（めざすところ）に対してどれだけ重要な役割を果たすか、大きな影響を与えるかを1～10で評価します。緊急度とは異なり、「どれだけほかの手段に波及効果を与えるか」に注目します。

優先順位:

実行のしやすさと緊急度と重要性・影響力を考慮して、最も早く取り組むべき手段から順番に記入します。

実現手段候補	必要な時間・リソース	実行のしやすさ（1-10点）	緊急度（1-10点）	重要性・影響力（1-10点）	優先順位
例）キャリア講師として活躍している人に話を聞く	4時間・つながり、SNS	5	5	9	1
例）事業化している会社のリサーチ	2時間・ネット、SNS	10	4	4	2

やりたいことは自分の中にしかありませんが、実現手段は世の中に溢れています。たとえば、受講生Kさんのほんとうにやりたいことは、「今までの教員としての経験を活かし、生徒や教員を他のキャリアとつなぐことで、その人たちにとっての新しい幸せを生み出す」です。そのための手段はすでに世の中にあります。キャリア講師として活躍している人に話を聞く、教員を退職して新しいキャリアを築いている人に話を聞く、本を読む、さまざまな方法でやりたいことがどう実現できるかは考えられます。手段は外にあるので、とにかく探してみることです。YouTubeでもSNSでもよいので、**実現している人を探してください。**必ず先に進んでいる誰かがいます。

実現手段候補をワークシートに書き込んで優先順位を付けたら、取り掛かりやすいもの、簡単なものからやろうと思う気持ちは悪くないですね。

ただ、その理由だけだと難易度が上がると行動が止まってしまう可能性があるので、「センターピン」を定めてほしいです。ボウリングでもセンターピンをめざして球を投げると10本全部が倒れますよね。その概念と同じで**1つの行動目標を達成したら、次々と達成につながっていくという視点で優先順位を付けてもらいたいです。**

ただ、実現手段候補は大きすぎると実行できないので、センターピンを意識しながら、できるだけ小さく分解することをお勧めします。

センターピンの目標って思いつくのかな？

何か大きな目標を立てなければいけないわけではありません。次の行動につながる意欲になるような行動目標だと思ってください。たとえば、「生徒や教員をほかのキャリアとつなぐこと」を実現するために、すでに事業化している会社をリサーチしようと考えたとします。

そこで「まずは調べた会社に問い合わせをしてみる」という実現手段候補がセンターピンになります。あるいは「自分が教員として考えているキャリア教育について SNS で発信する」が実現手段候補になるかもしれません。このように「この一手をするとほかのものにも進んでいけそうだな」というものがセンターピンの行動目標です。

ただ、「SNS を始めたいな」となんとなく思っていてもなかなか行動できないことがありますよね。そのときには「なぜ行動できないのか？」を考えて、もしかしたら「SNS のプラットフォームの種類を知らないこと」が理由かもしれないし、「プラットフォームは知っていてもどこにしようか迷って動けていない可能性」もあります。理由によって行動していくための打ち手は変わっていきます。スモールステップでいいので、次の行動に続くであろう行動を実現手段の候補として挙げていってください。

役割を明確にする

前項で「実現手段候補」に優先順位を付けました。ここから具体的に実現手段として目標に落とし込んでいく過程に入ります。

ここで登場するのが**役割**です。学校では学級担任、清掃担当、防災訓練担当など、色々な役割があると思います。仕事面はもちろん、それ以外にも多くの役割を私たちはもっています。

隣人からすれば、ご近所さんになります。両親からすれば、自分は子どもになります。子どもからしたら自分は親になります。兄弟姉妹、友だちなどたくさんの役割があります。

それらを意識するために、自分の考える大切な役割を書き出しましょう。「こんなものもいいのかな？」と思うものでもとにかく数を挙げてください。

STEP3

自分の役割を洗い出しましょう。たとえば、次のような例が挙げられます。

親、子ども、祖父母、おじ／おば、親戚、隣人、友人、恋人、パートナー、仕事仲間、コミュニティメンバー、学生、学習者、メンター、各職業（教員、講師など）、起業家、選手、研究者、エンターテイナーなど。

大切な役割を挙げてみましょう。

次にめざすあり方を示す修飾語を添えて、4つの大切な役割と自分で合計5つの役割に絞り込みます。自分のしっくりくる言葉で理想の姿を考えてみましょう。

わたしの場合は「いつも穏やかな妻」「希望をもたらす経営者」「勇気を与えるメンターコーチ」「挑戦し学び続ける自分」「元気と楽しさを与える娘・孫」とまとめています。

役割は多くても5つまでが適正です。たとえば、家族から見たときに、孫、娘、妹、妻、教員、自分と6つの役割が挙げられると、友人、地域の役割は入れられません。できるだけまとめられる役割はまとめてください。わたしの場合は、孫、娘、妹をまとめて「家族」にしています。**「自分」という役割は必ず入れていただきたいです。**忘れがちですが大切な役割です。

役割は最大で5つまでです。それ以上は抱えられません。考えるべきところは“人生において”という意味です。人生において大切な役割です。

めざすあり方を示す修飾語を添えて、
大切な役割4つ＋自分をまとめましょう。

記入例：いつも穏やかな妻、希望をもたらす経営者、勇気を与えるメンターコーチ、挑戦し学び続ける自分、元気と楽しさを与える娘・孫役割は変わる可能性があります。役職が上がったら変わりますし、結婚したら変わります。子どもが生まれて、その後に孫が生まれて……と、どんどんライフステージによって変わっていくので、役割は変化することを知っておいてください。

文量は多くても少なくてもかまいません。ほんとうに必要なことだけを過不足なく書いてください。ある1つの役割だけはとても長い文章を書いている人もいます。

役割を書き出したら、各役割における目標を1つ定めて、それを実現するために、「何をいつまでにするのか」具体的なアクションを書いていきます。たとえば、わたしは娘という役割に対して、「月に1回以上、実家で食事をする」というアクションを書いています。

教員の場合は、地域によっても違いますが、10〜11月にかけて異動希望調査を出しますよね。もし転職を考えているなら、9月には気持ちを固めてエージェントと面談するなど、必要なことを考えて埋めていってください。

そして、もっとも大事なことは**行動目標に期限を定める**ことです。できれば誰かと共有して自分との約束をより強固なものにしてください。

STEP4

役割における目標を定め、達成するためのアクションを書き出しましょう。それぞれのアクションには必ず実行までの期日を定めてください。

STEP4. 役割、目標、達成するためのアクションを書きます（筆者記入例）

大切な役割①	いつも穏やかな妻				
目標	わんこと旅行に行く飛行機に乗ってどこかに行く				
Check	Action	期日	Check	Action	頻度
□	行き先を決める	2024/6/12	□	映画にいく	2ヶ月に1回
□	宿泊先を予約する	2024/7/25	□	わんこの散歩にいろんなところに行く	月2回以上
□	結婚記念日を祝う	2025/3/4	□	カラオケする	2ヶ月に1回
□			□		
□			□		
□			□		

大切な役割②	希望をもたらす経営者				
目標	キャリア迷子の教員をなくす				
Check	Action	期日	Check	Action	頻度
□	ブログを始める	2024/6/12	□	音声配信	週1回以上
□	講座のリニューアル	2024/10/18	□	新規個別相談	月10名
□	LINE登録者1000名	2024/12/31	□	SNS発信	週5回
□			□	ブログ記事を書く	月1回
□			□		
□			□		

大切な役割③	勇気を与えるメンターコーチ				
目標	関わる人たちが勇気をもって一歩を踏み出す				
Check	Action	期日	Check	Action	頻度
□	リアル会の開催	2024/8/31	□	定例会	毎週
□	イベント開催	2024/11/30	□	1 on 1 ミーティング	2ヶ月に1回
□			□		
□			□		
□			□		
□			□		

大切な役割④	挑戦し学び続ける自分				
目標	目標を定め、それに向かって着実に進めていく				
Check	Action	期日	Check	Action	頻度
□	3ヶ月毎の振り返り	2024/6/30	□	読書	毎月5冊
□	事業計画をたてる	2024/5/31	□	海外にいく	年2回
□			□	毎日日記	毎日
□			□	毎月の振り返り、目標設定	月1回
□			□		
□			□		

大切な役割⑤	元気と楽しさを与える娘・孫				
目標	各イベントを一緒に過ごす				
Check	Action	期日	Check	Action	頻度
□	誕生日会の計画を練る	2024/7/11	□	実家で食事をする	月1回以上
□	家族旅行に行く	2025/1/9	□		
□	お盆の計画をたてる	2024/7/16	□		
□			□		
□			□		
□			□		

大切な役割①	
目標	

Check	Action	期日	Check	Action	頻度
□			□		
□			□		
□			□		
□			□		
□			□		
□			□		

大切な役割②	
目標	

Check	Action	期日	Check	Action	頻度
□			□		
□			□		
□			□		
□			□		
□			□		
□			□		

大切な役割③	
目標	

Check	Action	期日	Check	Action	頻度
□			□		
□			□		
□			□		
□			□		
□			□		
□			□		

大切な役割④					
目標					
Check	Action	期日	Check	Action	頻度
□			□		
□			□		
□			□		
□			□		
□			□		
□			□		

大切な役割⑤					
目標					
Check	Action	期日	Check	Action	頻度
□			□		
□			□		
□			□		
□			□		
□			□		
□			□		

これで「ほんとうにやりたいこと」の実行計画が立てられました。そのなかで最初にすること（実現手段）を決めましょう。まずは一歩を踏み出すことが大切です。

STEP5

自分のめざすところ（ゴール）を実現するために、「ゴール達成のためのファーストステップ宣言」を決めましょう。

わたしがめざすゴールは

［　　　　　　　　　　］です。

このゴールに向けて、最初に取り組むべきことは

［　　　　　　　　　　］です。

このステップが重要な理由は

［　　　　　　　　　　］です。

このステップを実行するために必要なリソースは

［　　　　　　　　　　］です。

わたしは、このステップを

［　　　　　　　　　　］までに完了します。

記入例）

わたしのめざすゴールは、［生徒や教員を他のキャリアとつなぐこと］です。

このゴールに向けて、最初に取り組むべきことは、［キャリア講師として活躍している人たちにインタビューをおこなうため、アポイントを取ること］です。

このステップが重要な理由は、［どんな働き方やキャリアの可能性があるのかを知ることで、ゴールの実現につながっていけるから］です。

このステップを実行するために必要なリソースは、［インタビュー対象者のリストと、連絡手段（電話やメール）、インタビューの準備］です。

わたしは、このステップを［今日から7日後］までに完了します。

STEP3の実現手段候補は、あくまでキャリアのことだけなので、おそらく役割のなかでも１〜２つしか割り振るところがないと思います。それ以外の役割についても行動目標を定めて、期日を切ったら、「ゴール達成のためのファーストステップ宣言」をしましょう。最初の一歩目として何をするかを明確にします。また、必要なリソースについても事前に考慮することで、実行の確実性が高まります。

行動目標の優先順位

目標に期日を定めても「行動を起こせない」「やりたいと思っているけれど優先できない」「時間がない」とやらない理由は無数に出てきます。

多くの人が毎日忙しく過ごしています。「忙しい」と口にする人は、充実感がもてません。なぜなら最優先事項が実行できていないからです。

最優先事項とは、自分がもっとも価値があると思っていることです。価値観に沿って行動できれば、忙しくても充実感が伴います。たとえば「分かち合い」が価値観にあるのに、一人で黙々と作業を続けて、シェアすることもコミュニケーションもない仕事を選んでしまうとしんどくなってきますよね。すでに価値観を明確にしてきたのですから、それに沿って行動しているかを確認していただきたいです。

そしてゴールに向かっていくための時間と出来事をマネジメン

トします。つまり、スケジュールを管理するということです。

私たちの時間は限られています。そのなかでゴールに向かっていくための行動を生活のなかに入れたい。でも時間は増えない。ではどうすればいいのでしょうか？　何かを始めるためには何かを手放さないといけません。
「いや、今していることは全部大事なことです。わたしにしかできないんです」と思い込んでいる先生がたくさんいます。これはタスクを抱えすぎています。自分にしかできないことが、そこまで溢れかえっていることはあり得ません。

ですから、タスクを一旦洗い出して、ほんとうに自分にしかできないのか、ほかの人に任せられないか、そもそもやめられないかを整理してみてください。

優先順位は緊急と重要かで考えます。重要とは価値観に沿っているということです。タスクを以下の４つに分類してみます。

- **重要かつ緊急なタスク**
- **重要でないが緊急なタスク**
- **重要であるが緊急でないタスク**
- **重要でも緊急でもないタスク**

この分類を使って、タスクの優先順位を明確にすると、時間を効果的に使うことができます。緊急ではないけれど重要なことにどれくらい時間を取れるかが非常に大事になります。

多くの人はスケジュールがいっぱいで「重要であるが緊急でないタスク」に手を付けられないでしょう。そこで「重要かつ緊急なタスク」と「重要でないが緊急なタスク」がほんとうに重要なのか、緊急なのかを立ち止まって考えてみましょう。減らせる方法はないかを考えます。もしかしたら誰かに頼めることかもしれません。また、「重要でも緊急でもないタスク」、いわゆる浪費といわれる時間を減らす努力をしてみましょう。

たとえば、今は仕事でいっぱいいっぱいでも、体調を崩してしまったら治療が緊急かつ重要なことになります。そうならないために睡眠時間をしっかり確保する、栄養のある食事をする、運動不足を解消しておくのは緊急ではないけど重要なことです。

「ほんとうにやりたいこと」は「重要であるが緊急でないタスク」に入ります。「やりたいことを実現するための準備」も緊急性はなくても重要なことです。

自分との約束を守る

ゴールも明確になった、計画も立てた、あとは実行あるのみです。しかし、目標を決めたあと、一歩を踏み出し着実に進められる人と、行動に移せない人がいます。この差はどこにあるのでしょうか？　**決めたことを守れるか守れないか**が原因であると考えます。

私たちは、期限や約束を守ってくれない他人に対してはとても厳しいです。社会で約束を守らない人は信用を失い、この人には仕事は任せられないと、どんどん周りから人が離れていきます。

でも、私たちは平気で自分との約束は破ります。人間は他人には厳しいのに、自分との約束は守れない生き物です。約束を破る他人を信用できなくなるのと同様に、自分との約束を守れないと自分自身を信用できなくなります。何かを始めようとしたときに「わたしにはできるかな……」と尻込みするようになります。自分を信頼できていないのですから、当然他人からも信頼されません。結局、自分との約束を守れない人は、他人との約束も守れないのです。

自分との約束を守れてはじめて他人との約束を守れる誠実な人間性が磨かれていきます。

この話をすると、「自分との約束を守れる自信がないから、はじめから約束しない」という人が出てきます。もし約束をしなかったらどうなりますか？　信用を高めることはできなくなります。約束自体ができなくなってしまいます。

では、どうすればいいのか？

自分との約束を守るトレーニングをします。やり方は簡単です。**ほんの少しだけ負荷がかかることを毎日、1ヵ月間がんばって続けてみてください**。1ヵ月経ったら終了です。

たとえば、読書の習慣がない人が毎日10ページ本を読み進めるのはかなりハードな約束です。1日1ページでも1パラグラフでもかまいません。これまでやってこなかった新しいことで、ほんの少しだけ負荷になりそうなものを習慣にするトレーニングです。英語の単語帳を1日1ページ見ると設定したり、物を捨てられないので毎日1個は何かを捨てると決めたりした先生もいました。1ヵ月後には部屋がスッキリしてとても喜んでいました。30枚入りのウェットティッシュを買ってきて、毎日1枚が真っ黒になるまで掃除するというアイデアもありました。時間に余裕がないことによって子どもに怒りがちになってしまうので、朝早く（5時45分〜6時のあいだ）に起きると決めて実践している人もいます。

目的は自分に丸をあげることですから、必ず達成できることを目標にしましょう。

1ヵ月間は長いと思うかもしれませんが、守れない約束はしません。必ず自分との約束を守ってくださいね。1ヵ月経ったころには、きっと何か感じるものがあるはずです。

万が一続けられなかった場合は、そもそも約束のハードルが高すぎた可能性があります。続けていくための工夫を加えていきましょう。たとえば、「毎日◯時に起きる」といった設定をすると失敗する可能性が高いです。バッファをもたせてください。「毎日スクワットを5〜10回する」といった感じです。また、「ランニング」など天候に左右されるものは避けましょう。

一見これらの約束は、あなたの「ほんとうにやりたいこと」とかけ離れているように思えるかもしれません。しかし、小さな約束を守る習慣は、ほんとうにやりたいことを実現するための、行動し続ける自信を培います。自分自信を信頼し、前進し続けるために、コツコツと自分との約束を守っていきましょう。

おわりに

2020年4月1日、世の中は例年にない形で4月を迎えました。新型コロナウイルス感染症の蔓延によって、教育現場でも全国一斉休校が決まり、普段なら倒れそうなくらい多忙だった月をわたしは一人静かに自宅で過ごしていました。

多くの企業が大打撃を受けるなか、教員は普段と変わらない給与をいただき、立場も守られます。公務員という職の安定性を思い知らされながら、わたしはその肩書きを失い、何者でもなくなりました。

「もしかしたら退職するタイミングを間違えたのではないか？」

そんな考えが頭をよぎる瞬間もありました。ただ、不思議なことに「何者でもない自分」にワクワクもしていたのです。教員という鎧は、自分が思っていた以上に重かったんだなと実感しました。

退職をして5年後、教え子の成人式の同窓会に呼ばれました。教員ではなくなったわたしを「先生」と呼んでくれる教え子たち。学校現場を離れて事業を始め、ある程度身軽に自由に生きられるようになりました。でも、久しぶりに呼ばれる「先生」に心地よさも感じました。やっぱり、教員をやっていてよかったと喜びが湧き上がってきました。

心身ともに体調を崩し、逃げるように教員をやめたわたしに、教え子たちは目をキラキラさせながら「先生、新しいことに挑戦しているんだ。かっこいいね」と口々に言ってくれました。
小さいころから教員に憧れ、夢を叶え、挫折しながらもずっと手放せなかった教育という仕事は、学校現場にいなくてもできるんだと、こどもたちが教えてくれました。

教員を退職したその日から、教え子たちにとって「教」える「師」ではなくなったけれど、わたしがほんとうになりたかったのはこどもたちが誇れるような「先」に「生」きる存在だったのかなと、こみ上げてくるものがありました。なぜならこどもたちには学ぶ力があって、感じる力をもっているからです。

これまでの人生を振り返っても、周りのすばらしい先生たちに支えられてきたから、今の自分が成り立っていると実感しています。
12年間の教員生活で出会った生徒たち、保護者、同僚の先生たち、心が崩れそうなときに話を親身になって聞いて、新しい可能性を見出してくれたメンターコーチである吉田メイさん、わたしを近くで応援してくれている仕事仲間、学びの機会のなかで刺激をくださる経営者仲間、いつも優しく見守って背中を押してくれる家族……。ひとつとして欠けた出会い、出来事、瞬間があったら、こうして書籍という形で先生たちに何かを伝えられる機会も得られなかったでしょう。
わたしを紡いでくださったのは、これまで出会ってきたすべての人たちです。ほんとうにありがとうございます。

そして、わたしにできることは、本書を通してそのストーリーを共有することだけです。そこから何を受け取るのか、どんなキャリアをつくっていくのかは皆さんが決めてください。

これまでのすべての出会いに感謝を申し上げて、筆をおかせていただきます。

2024年10月
新川紗世

著者プロフィール

新川紗世（あらかわ・さよ）

Re-Career 株式会社 代表取締役
1985 年、静岡県生まれ。大学卒業後、私立高校の英語科講師を経て公立中学校の英語科教諭として勤務。担任業務や教科指導、生徒会担当など多くの仕事を担うが、11 年目に心身の不調により退職。人生に悩むなかでメンターとなるコーチに出会い、初めてコーチングを受ける。自分も同じように悩める人の力になりたいと思い、教員・元教員を中心に延べ500 名以上をコーチングしている。教員の強みやほんとうにやりたいことを見つけるためのコーチングプログラムを主宰。
2023 年、グローバルな課題に関する教育産業や学術研究、社会活動を含む広範な教育活動で卓越したリーダーシップを発揮する個人・団体・企業へ贈られる国際賞 Education2.0—Outstanding Leadership Award を受賞する。
また、教育団体Growing-Ups for Childrenの代表理事として「おやとせんせいをつなぐ」というコンセプトの元、メディアを立ち上げ、各種教育イベントを主催するなど積極的に啓蒙活動をしている。メディアへの寄稿や出演も多数。

やめたいかもと一度でも思ったら読む
教員の転職思考法

2024年（令和6年）11月2日　第1刷発行

著　者　新川紗世
発行者　白山裕彬
発行所　新流舎株式会社
〒178-0063
東京都練馬区東大泉4-27-17
発　売　サンクチュアリ出版
〒113-0023
東京都文京区向丘2-14-9
電話：03-5834-2507　FAX：03-5834-2508

装丁　山之口正和＋永井里実（OKIKATA）
本文デザイン・DTP　次葉
イラスト　松岡タイキ
校正　株式会社鷗来堂
印刷・製本　株式会社光邦

ISBN 978-4-8014-9053-6

巻末特典

読者特典
目標と決断が自分にとって
ほんとうに正しいのか!?

本書をご購読いただき、ありがとうございます。感謝の気持ちを込めて読者限定のプレゼントをご用意しました。めざすところ（ゴール）を定め、それを実現するための手段まで考えました。それでも一歩をなかなか踏み出せないという方もいるでしょう。

以下の二次元コードをスキャンし、LINE登録していただくと、「目標と決断を見直すワークシート」が手に入ります。「ほんとうにやりたいことが見つかってよかった」で終わらせず、ワクワクして実行するためにぜひご活用ください。